# 你一年的 8760 小时

升级版

艾力 ⊙ 著

江苏凤凰文艺出版社
JIANGSU PHOENIX LITERATURE AND ART PUBLISHING, LTD

世界那么大，每个人都该去看看。去寻找另一个自己，

去过从未看见和理解的生活。

无论你的出身、起点、天赋如何，

只要努力就能跳出绝美的舞步，

只要努力，就能找到远方。

杯子掉到地上，只会粉身碎骨，人却可能逆风飞翔。即使梦想最终破碎，那些拼尽全力的瞬间，已经成为了难忘的记忆。

人们很容易知道生命的起点，

但终点在哪里却不清楚——

下个月，明天，还是下一分钟？

每个人在生命中都扮演着不同的角色，

重要的是，在每一个角色中，

依然能保持真实的自己。

没有人是一座孤岛，可以自全，但我们可以将自己短暂隔离开来，过一段自由的时光。

推 荐 序

# 真正的成功，是点亮更多人的人生

**俞敏洪**

第一次接触艾力是 2012 年底。

小伙子当时也不知道哪来的勇气，直接发邮件让我转发他《酷艾英语》课程的视频。当时社会上正在热议切糕问题，也有些许敏感。这个新疆小伙用一段中英文课程，在幽默的调侃中普及了很多知识。大多数人觉得切糕问题是地域歧视，但他升华到了教育的层面。这份独立思考的能力让我记住了他的名字。

第二次见到他是在 2013 年春节。两个会议间隙，艾力勇敢甚至有些鲁莽地找到我，拿出一份详细剖析自我的报告。他在其中不仅讲述了自己时间管理的心得，过去教学的收获，还把自己从 180 斤减到 140 斤最终练成八块腹肌的减肥效果图也放了进去。

我当时只给他抛下一句话——尽全力成为新东方最优秀的老师之一。

两年下来，他做到了。

他成为了新东方集团近两万名教师中最年轻的演讲师并担任集团培训师，也在社会各界产生了不小的影响。

很多人可能看到的是艾力坚毅、永不抱怨、永不言弃的一面。作为一个年轻人，他也有莽撞甚至脆弱的瞬间。有段时间，他情绪非常低落，给我发了几封邮件怀疑自己是否不应该离开自己熟悉的工作岗位转而去教大学生。他甚至说，自己都快抑郁了，还找了心理医生。好在，他最终挺了过来，担负起了家庭的重担，也活出了不一样的精彩。

父亲的因公殉职，让他对人生有了新的体悟，他说："愿我所见之人，所历之事，哪怕因为我有一点点的好的改变，我就心满意足了。"

坚持每天 7 点前起床并发微博鼓励更多人早起、读书、健身。无论一个人有多强的自控力，每天工作到深夜，然后第二天早上还要 6 点钟起床都是痛苦的。有几次，深夜里我们通过微信谈工作，他突然没了动静，后来我才知道他疲惫地在椅子上坐着睡着了。

艾力很少说起自己的不容易，对于别人对他所做的不好的事，他绝口不提，只是默默地做自己认为应该做的事，尽全力帮助和温暖更多的人。他的真诚，并非不谙世事的单纯，他所经历的困难超出了绝大多数同龄人所能承受的限度。讲台上、生活中，他的笑容里没有一丝阴影，他的真诚令人动容。

3 年，1000 多个日夜，对自己无限严苛，对他人无限宽容——他也许并不完美，但没有一刻停止过对卓越的追求。

20 年前，我的理想是出国，经过了种种努力之后，依然没有如愿。我创办了新东方，发现了人生的另一条路——帮助中国学生攻克英语难关，实现他们的出国梦。这不仅关乎通过某项考试，拿到国外学位，更关乎提升自信、塑造人格。

如今，26 岁的艾力被贴上了很多标签，“成功”“青年精英”“正能量”“励志男神”……我曾经问过他对“精英”的认识，他很坚定地告诉我：“做超出生命本身长度的事。”

他不制造心灵鸡汤，只是实实在在地告诉你如何通过正确的方法成长为更好的自己。

这一点，他做到了。

艾力的成功，让当下奋斗中的年轻人看到了一种真实存在的成功的可能性——一个人，即使没有任何背景，靠着日复一日的坚持和努力，学会聚焦，在一个领域做到极致，也能闯出属于自己的一片天地。

更让我欣慰的是，在精致的利己主义者风光无限的时候，艾力身上体现出了真正的社会责任感，不只关注自身，还将相当多的精力投向如何帮助他人。人生的价值和意义，当然不仅仅体现于名校、财富和社会地位，真正的成功，是点亮更多人的人生。

# 目录 C O N

CHAPTER 01

## 你那么拼，为什么还是没有回报？



CHAPTER 02

## 把自己当作公司一样经营

T E N T S

CHAPTER 03

## 追求卓越，成功就会在不经意间追上你



CHAPTER 04

## 尽你所能，把时间用到极致

CHAPTER 05

## 如果你想走得更远，请与人同行



CHAPTER 06

## 以成长之名，向死而生

CHAPTER 07

## 比我们优秀的人，比我们还努力



EXTRA STORY

## 番外篇

——愿我所见之人，所历之事，
哪怕因为我有一点点好的改变，我就心满意足了。

2011年6月14日深夜11点，我的父亲阿不利孜·赛丁在为新疆霍尔果斯县的乡民安装太阳能路灯时因公殉职。那一年，他51岁。

此时，距离我从北大毕业只有15天。

回家安葬完父亲，安顿好悲痛欲绝的母亲、妹妹后，我又独自回到了北京，并留在这里，正式成为一名北漂。

那时的我，是个没有人鱼线的胖子，没有爱情，不懂职场。

没有了父亲，也没有一处可以容身的居所。这繁华都市的万家灯火没有一盏是属于我的，属于我的那一盏，在我望不到的家乡。

我明白，在以后的漫长岁月中，我都将一个人面对所有的挑战，还将担负更大的责任。

我尊敬父亲，希望用自己的方式让他的名字继续存在。

我是努尔艾力·阿不利孜。

CHAPTER 01 /

# 你那么拼，为什么还是没有回报？

年轻人总想和世界谈谈，可这世界并不想和你谈谈。

哪怕你技能点全部升满，生命值和魔法值满槽，

依然抵挡不住这世界深深的无情。

# 成功，并不代表拥有很多真理

在我床头的书桌上，刻着一行英文：If you cannot do，teach.（如果你自己做不到的话，就教别人去做吧。）做老师以来，我一直把这句话当作警钟。这是对那些可以把道理讲得头头是道，自己却做不到的人的莫大的讽刺。

我有一个朋友，江湖人称“道理王”，在引经据典、讲道说理方面，堪比东方不败。从古埃及文明到比特币他都能分析得头头是道，对娱乐八卦和婚姻人生也可以娓娓道来。加上他不俗的外表，让每个和他聊天的人都如沐春风，女生更是恨不能以身相许。

当时，我和他一起在北京漂泊，蜗居在中关村一个十几平米的小屋里，这里是北京最繁华的地带之一，尽管屋小，每月房租却不低。

有一天下午，我和他坐在窗边。他右手两指夹着一支烟，猛吸一口，再缓缓吐出一个大烟圈来，“艾力啊，我最近认真研读了一本关于理财的书，你说现在存在银行里的钱每天都在贬值。要成功，要在北京混下去，混出个模样来，靠在公司做一个小职员，就算每年涨一点工资，五年升一次职，这辈子也没什么前途。要想出人头地，一定要不走寻常路！咱们凑点钱搞贵金属投资吧……”

后来，因为工作的关系，他搬走了。但每隔一段时间，他就会打电话告诉我，又换了工作，进入了新行业，或者又发现了短时间挣大钱的方法。但无论是新行业或是新投资方法，没有一个他最终坚持下来的，他也成了后悔药的长期服用者。出于朋友之情，我也曾试图提醒他：“除了那些道理、分析，实际有效的方法和行动是不是更重要？”他愣了一下，继续很有底气地说：“你看我上次说的那个股票真涨了吧。我要是当时买了，现在就有套房了。”事实是，到现在为止，他换了4次工作，月薪涨了1050元，职位从小职员升为一个5人小项目的组长。也许他真的有一天会被好运砸中吧，那时我也会绝对厚脸皮地说“苟富贵，无相忘”。

这个世界上有爱讲道理的人，更有爱听道理的人，总会有许多追随者们通过各种渠道来获得自己想要、需要或者觉得自己不得不要的道理。

可是，这些道理真的那么有用吗？听完英语学习讲座，立刻发誓半年拿下GRE、托福，一年拿到美国名校Offer，可每年拿到奖学金的人永远是少数；听了知名企业家的演讲，甚至只是看到一个励志的金句就热血沸腾，开始幻想自己好好拼一把也能出任CEO，迎娶白富美，登上人生巅峰；

看了情感专家的微博分享，就决定做个“不忘初心，岁月静好”的女子，等着高富帅驾着七彩祥云来拯救平凡的自己……

只靠读道理，就妄图懂人生，这就意味着，大多数人实现不了自己的幻想。甚至，你要明白，有些成名成家的人，会在自己上楼之后抽掉梯子，再告诉想要努力向上爬的你：我当初就是通过努力飞上来的，你也可以。

一年过去了，你依然没能去留学，甚至毕业成绩都不是优。面试工作时，才发现拿着四六级证书、计算机证书、当过学生干部的竞争对手太多太多。你幻想过的白马王子出现在海天盛筵上，或者被你认为是“绿茶婊”的女生围绕。盲目辞职，一场说走就走的旅行之后，回到原点，还要从底层做起，而以前的同事已经升职成为你的上司。

有多少人把性格交给星座，把努力交给鸡汤，把考试交给锦鲤，然后对自己说“听过许多道理，依然过不好这一生”。

年轻人总想和世界谈谈，可这世界并不想和你谈谈。哪怕你技能点全部升满，生命值和魔法值满槽，依然抵挡不住这世界深深的无情。年轻人很容易怀疑自己，进而怀疑人生，然后走上了那条平庸的路。但生活之所以精彩，就是因为总会有奇迹出现。关键是，你要掌握打开奇迹的钥匙——正确的方法。

上中学时，父亲就告诉我，“懂一百个道理，不如懂一个方法重要；一百次的感动，不如一次行动有帮助。”到目前为止，我那一点小小的成功很大程度就是缘于对这句话的领悟。

几乎所有人都害怕公众演讲。和很多人一样，我从小就特别渴望在众人面前出色自如地表达自我，但无论我怎样尝试似乎都无法达到预期。我又是一个很容易紧张的人，性格里有些怯懦。后来，我进入新东方当老师，不得不面对数百数千，甚至上万的学生。为了练好当老师的必杀技，我几乎看了所有能找到的讲解演讲之道、演讲技巧的书籍。曾经有那么一阵，我甚至变成了自己讲不好，但能教别人讲好的神人。

有一天，当我又一次在空无一人的教室里模拟演讲时，一位同事走进来，看了一会儿说：“你意识到自己存在的问题了吗？如果没有，这样讲一万遍也没有用。”

在他的建议下，我采用了“刻意练习”的方法。“刻意练习”是佛罗里达大学心理学家 K. Anders Ericsson 提出的一套练习方法，方法的秘诀在于重复与反馈。

首先，练习者需要建立对正确方法的认识和熟悉。以演讲来说，必须真正去了解什么是好的演讲，而要想达到这一点，仅靠抽象的书籍是不够的。因此，我找来了几乎所有名家的演讲视频，反复观看、揣摩其中的精妙之处。有机会我还会去现场听一些名人的演讲，现场感受那种万人欢呼、掌声雷动的氛围。

接下来，我进行了练习—反馈—练习的循环训练。刻意练习，是以错误为中心的练习，练习者必须建立起对错误的极度敏感，一旦发现自己错了会感到非常不舒服，一直练习到改正为止。

无论模拟练习，还是上课讲课，我开始有意录制自己演讲的视频。回到家，再反复观看这些视频。一开始，看到视频中的自己会很不习惯，而且会发现很多之前自以为表现良好的地方实际却并非如此。像大多没有受过播音、形体方面专业训练的人一样，讲到激动处，我会使劲挥舞手臂，幅度大到在镜头上看不到我的脸，只看到一只手挥来挥去，身子也随之摇晃，没有力量；我还会经常重复“这就是说，也就是说”等口头禅，英语中就是“so ... so ... that ... that ...”；对于熟悉的内容，我会习惯性讲得很快，节奏感不强。而最要命的是没有镜头感，无法让听众感觉到我在注视着他们，在关心他们的反馈。

我把这些需要改进的问题用本子记录下来，不断进行纠正练习，并且与下一次的公众演讲视频进行对比，直到某个问题完全不再出现时，我才会把这个问题从本子上划去。

无数次的“刻意练习”之后，我不但对于新东方的课堂演讲驾轻就熟，而且还成为了一名演讲师，站到了拥有成千上万观众的新东方“梦想之旅”

系列演讲的现场。

畅销书《异类》的作者格拉德威尔说：“人们眼中的天才之所以卓越非凡，并非天资超人一等，而是付出了持续不断的努力。只要经过 1 万小时的锤炼，任何人都能从平凡变成超凡。”我自然算不上天才，对于自己通过一番辛苦，取得的这一点进步，我的感触就是，世界上哪有什么成功独门秘籍，当你学会把最简单的事做到极致时，成功自然也就离你不远了。

这一路走来，尽管我对听“那么多的道理”有成见，但这并不代表着对此我不学习、不懂得，或者不 care。而是我明白，道理听得再多，也是别人的经验，只有通过方法的转化，才会变成自己的东西。带我前行的始终是那个看似渺小，埋头苦干的我。

有时候，道理懂得越多，给自己的束缚也就越多。不同的道理之间又常有矛盾，不同的建议之间也会有冲突，心灵鸡汤吃多了，味道也不同：有的咸，有的甜，有的辣。吃多了，肚子会坏，步子会慢，脑子也会乱。有些时候，把鸡汤和道理放在一边，先迈出一步，然后在实践中不断地总结、修正。只有这样，我们才不会成为那个懂的很多，会的却不多，最后几乎没有任何改变、一事无成的人。

这本书也讲道理，但更讲方法。我希望书里的每一章，都能帮助你迈出坚实的一小步，这样一步一步地，你就能走得更远，离自己的梦想更近。

# 优秀是可以锻炼的

大约2500年前，先哲亚里士多德曾经说过一句话——至少很多人认为是他说的——优秀是一种习惯。相信亚里士多德老兄说这句话是为了鼓励大家，但对于后世的大部分人来说，这句话带来的打击远比鼓励要大得多。

这句话在中国流传甚久，口耳相传。但人们的理解通常是：你看，优秀是一种习惯，如果你不够优秀，那还是哪儿凉快哪儿待着吧。

而拥有优秀习惯的人永远都是“别人家的孩子”，没错，就是那个活在父母、邻居、同事、朋友口中的别人家的孩子。也许你从没亲眼见过，但他们的事迹却在江湖上永远流传。别人家的孩子不吃饭、不睡觉、天天学习，爱父母、爱祖国、爱做家务，上学时听话、用功、刻苦学习、坚决不早恋，还一毕业就结婚。这些有优秀习惯的人都是别人家的，而我们只能忍受越来越多的沮丧。

更糟的是，这句话被放大后就变成了宿命论的问题——如果我天生就不优秀，我能怎么办?

我曾经收到过这样一封邮件：

艾力老师好，我是一名大一的医学生，不知道为什么，每件事我都感觉做得比别人差。体育课上学习排球，其他两个组都会了，而我却一直在捡球，这让我对当时与我搭档的伙伴感到很抱歉；学习口琴，其他人会吹了，而我还不会；用显微镜观察切片，其他的人能看到细胞，而我居然看不到……我感到很难过，别人很轻松就做到的事，我却很努力都做不到。我想是不是我天生就不如别人，如果真的是这样，我该怎么办？

18 岁的冯唐写完了十四五万字的长篇小说《欢喜》，呼唤着“十八岁给我一个姑娘”。

18 岁的韩寒出版了《三重门》，声名鹊起。

而 18 岁的我，只是个毛发浓密的小胖子，得不到一个姑娘的青睐。

尽管从小就热爱踢足球，身材却一点也没锻炼出来。当时，我有一位兄弟，我和他从小玩到大，他很聪明，论相貌论天赋我都甘拜下风。初中阶段，他太优秀了，在我们几个朋友里第一个有了女朋友。他告诉我说：“胖子也是一种习惯，你少吃、运动减肥都没有用的，就安静地做个萌萌的小胖子吧。”听了这话，我悲从中来，也一度深信不疑，导致我整个高中阶段都胖得不行，还自我安慰说：“起码我是萌萌的。”当然，我那时候也没意识到肥胖是追不到女生的主要原因，因此在追女生的道路上，屡追屡败，屡败屡追。

直到上了大学，我认真地读了亚里士多德“优秀是一种习惯”这句话的原文，才发现这话被断章取义了，自己彻底被骗了。亚里士多德老哥说的是：“我们每一个人都是由自己一再重复的行为所铸造的，因而优秀不是一种行为，而是一种习惯。”

说白了，大家把“优秀是一种习惯”，理解成了优秀是先天的，不优秀也是天生的。而实际是只要我们培养好的习惯，就能成为一个优秀的人。

诺贝尔经济学奖得主布坎南曾说：“人和动物的差别，是人能试着改善自己。”

改变，仅仅需要21天。

研究发现，通过21天的训练，每个人都可以养成一个良好的习惯。培养某项习惯的第1—7天，你会感觉到“刻意、不自然”，这个阶段需要十分刻意地提醒自己去改变。第8—14天是“刻意、自然”的阶段，如果不努力坚持，还是很容易回到从前。而到第15—21天，已经变为“不刻意、自然”，进入习惯性的稳定期。

我给自己制订的第一个 21 天计划就是减肥。

减肥没有任何捷径可走。“得先吃个肯德基才有力气减肥”当然是句玩笑话，但也从侧面反映了很多人的心态，不愿付出艰苦卓绝的努力，只盯着别人练好的马甲线和人鱼线羡慕嫉妒恨。想成为“维多利亚的秘密”里的天使，就必须在健身房里洒下无数的汗水。

我开始坚持跑步，每天 40 分钟以上。在校园里一圈圈跑，病了、累了也坚持跑。很多人也奇怪，为什么我从早上 8 点到晚上 8 点上了一天课后，晚上 9 点钟还要去健身房。村上春树在跑步时想什么我不知道，我只知道自己最痛苦的时候，真想边跑边抽自己一耳光，跑步机上滴下的也不知道是汗水还是泪水。这个时候我会告诉自己说：“我不优秀，我现在还不是瘦子，但‘胖’这个字没有写到我的基因里，我的字典里没有‘放弃’两个字。”

减肥这件事，七分靠吃，三分靠练，吃是很关键的。在动的习惯之后，还要有静的习惯——饮食习惯。

作为一个资深胖子，我的习惯是早上起得晚，不吃早饭，晚上吃得多。正因为晚上吃得多，早上起不来不吃东西也不会饿。但早饭是促进一天新陈代谢的重要源动力，吃早饭就是减肥的开始。大学的时候，我顿悟，如果再胖下去，不仅追不到女朋友，连健康也成了问题，就开始逼自己坚持早起，帮室友打水打饭，过上了规律的生活。

作为一个在新疆长大的孩子，我始终对肉类等高热量食物情有独钟，但为了改变肥胖的现状我也拼尽了全力，毅然向食谱宣战，对自己的胃说不。从每周必吃一次大盘鸡，到每月吃一次，到为了减肥一顿都不吃。这种味觉和心理上的双重折磨比锻炼还要痛苦。一次朋友送来了一个看起来特别好吃的冰淇淋，又渴又饿的我不断咽口水，甚至拿起勺子吃了一口，但吃下去瞬间我就有了罪恶感，马上想到这得用多长时间运动才能消耗掉那些卡路里。更重要的是，这也是对一个正在培养的习惯的破坏，我毅然把冰淇淋冲进了马桶。

古人有望梅止渴的故事，我也有类似的经历。和朋友们聚餐时，他们开心地吃着心爱的大盘鸡、烤串、羊肉泡馍，我在一边吃着增肌减脂塑形的西兰花、鸡胸肉等食物。一边闻着大盘鸡的香味，一边吃着味如嚼蜡的健康食品，也是别有一番滋味。

世界如此之大，做一个什么样的自己完全取决于你的选择。你可以选择破罐子破摔，待在原地，也可以选择一个不抱怨的世界，成就自己。

而且，很多时候，不优秀是一种错觉，你并非不够优秀，只是不够自信。

我从初中到高中的几次追女生的经历都以失败告终，也许是上苍对我的另一种方式的保佑。如果任何一个女生答应了，我现在的生活也许会很好，但无法体会到锤炼之后的精彩，也无法让自己的内心足够强大。

时过境迁后，我也问过女同学当初不接受我的理由，因为我太胖还是太傻？尤其是胖，一直是我耿耿于怀的。她说："原因很简单，你太不自信了。

有那么几次，我都给你机会了，你却没有去尝试。”有几次她确实给了我暗示。回去的路上，她说有点冷。我说那跑两步就不冷了。还有一次，她希望我主动约她，我在电话里憋了40分钟也没说出口。

科幻电影《重返地球》中对终极BOSS异形的设定很有意思，电影中的异形并没有眼睛，它靠感觉人们内心深处的恐惧来定位人的位置。“恐惧并不真实存在，它只是你脑海中的衍生物。”

一个人的魅力来自自信，而非外貌，马云可以看作诠释这句话的一个例子。而当时的我首先缺乏的是自信，而无关胖瘦，因为有些比我胖的人也有女朋友。自信不等于自大、自傲，自信是清楚了解自己的优缺点，并且一点点去努力塑造更好的自己。我们都需要在一点一滴中让自己变得更好，但前提是先接受现在并不完美的自己。如果你连自己都不接受的话，就会处在无限迷茫当中，离正确的轨道越来越远。

“人生而自由，却无时不在枷锁中。”

无论你的出身、起点、天赋如何，只要努力就能跳出绝美的舞步。要让所有人都知道——我也许不是一个天生优秀的人，但我有追求优秀的权利。

如果你想成为优秀的人，请你推开这扇门，一直向前走→请前往第二章。

# 别成为“有潜力”的受害者

电影《王牌特工：特工学院》里，站在高级定制裁缝铺的落地镜子前，年轻的埃格西穿着一身嘻哈风格的衣服，一脸茫然。

“你在镜子里看到了什么？”埃格西父亲生前的同事、皇家特工哈特自问自答说，他看到了一个很有潜力的年轻人。

埃格西遗传了父亲体能好的优点，在街头打架的经历让他反应灵敏、迅速，和欺凌母亲的黑帮老大的斗争让他心思缜密、观察入微，而对家人和朋友的爱和忠诚，更是成为特工不可缺少的素质。

在哈特的鼓励和严格训练下，埃格西不仅从衣着、举止更从精神上完成了从一个无知小子到绅士的转变。他从不学无术、被恶霸欺负不敢还手的街头小混混，化身为懂得团队合作、忠诚与维护正义的翩翩少年，不但保护了家人，还拯救了世界，赢得了公主的芳心。

随着这部电影风靡全球，埃格西的扮演者塔伦·艾格顿也一举成名。

热爱文艺的他15岁时首登舞台，在莎士比亚名作《仲夏夜之梦》中扮演一名女性角色，从此坚定了自己的演员之梦。19岁时，他考入英国的“中戏”——皇家戏剧学院。

毕业后，他在几部电影和电视剧中饰演了几个小角色。之后，得到《王牌特工：特工学院》的试镜机会，并成功出演埃格西一角，获得2015英国《帝国》杂志电影奖最佳男新人奖项。

无论是埃格西拯救世界，还是艾格顿成为世界瞩目的闪闪新星，似乎一切都看起来顺理成章。本身他们就具有很大的天赋，之后一步一步走向成功也是理所当然了。

然而，在关注他们从小就流露出来的天分之时，很多人忽略了一些更为关键的事情。

在艾格顿所在的皇家戏剧学院里，几乎每一个学生都拥有艾格顿一样出色的表演天分。但最终成为数十亿人所认识的明星，站上领奖台的，寥寥无几。

当艾格顿得到《王牌特工》的试镜机会时，导演只给了他一天的准备时间。

为了能和马修·沃恩导演合作，他5天内试镜12次，并接受了3个月严苛的体能训练，最后，才有了电影里近乎完美的表演。

影片里的埃格西也是一样，如果没有经过一连串极具挑战又危险的训练，可能他仍然只是个浪迹街头的小混混，更不可能成为拯救世界的超级英雄。

在这个世界上，多的是“我原本可以……但是……”，然后就没有“然后”了的故事。

大一时，我在北大社团中如鱼得水，开始是组织各种讲座，后来又代表社团和一家外企联系赞助。

会议现场，为了说服对方提供赞助，我慷慨陈词，辅以略显夸张的手势和腔调十足的英语，不知情的人还以为我是公司的一个印度籍员工。临走前，公司的老外负责人拍着我的肩膀，说了句:“年轻人，你很有潜力。”

回去的路上我开心得不行，同去的学姐却告诉我说:“别人夸你有潜力，是好事，但也可能是坏事。潜力只有真正化为行动，才是你的实力。最可惜的是有潜力没实力的人，一辈子抱着自己的潜力，却无从发挥，空余嗟叹，空留悔恨。”

一语惊醒梦中人，我认识到“你很有潜力”这句话有三重杀伤力：一、会给予我极大的虚荣心，让自己产生无限的满足感；二、它会让其他听到这句话的人高估我的实力，等到了实际工作中，无论我表现如何，别人都会说：艾力，你没有发挥出你的潜力；三、这句话其实也是在提醒我，为什么别人没有夸我有实力呢？人们不会夸马云、姚明有潜力，是因为他们已经是实力爆棚的牛人的代表。

这让我想起了高中时物理老师给我们讲过的那个最简单的动能和势能的例子。

假设桌上放着一个杯子，它离地面一米，就有一米的重力势能。这能量是存在的，可没人会关注和在意。当它滑到桌子边上快掉下去的时候，可能有人会注意到，但更多的人还是看不到。直到这个杯子顺着桌边掉下去，最后砸到地面，发出“哐当”的一声，没有人看不到它。这就是势能转化成动能的瞬间。势能没人去关注，动能才会有人去关注。

势能就是一个人的潜能，如果你一辈子什么都不尝试，最终只会默默无闻、悄无声息，但如果你把自己逼到看似绝境的境地，将势能全部转化为动能，生命就会呈现出夺目的光芒。

杯子掉到地上，只会粉身碎骨，人却可能会逆风飞翔。即使梦想可能会最终破碎，但在那些拼尽全力的瞬间，已经把自己的潜力最大限度地转化为了实力，也就拥有了一部分不可忽视的光芒和热度。

此后的日子里，每当我得意扬扬的时候，我都会问自己，你真的发出你所有的光芒了吗？你真的让所有的人都看见你、认可你了吗？还是你只是感动了自己？

有潜力更要有实力，真正被世界看到的是那些有实力的人。如果没有实力，潜力等于0，一个不能将潜力转化为实力的人，更是对自己人生的一种辜负。

如果你想拥有真正的实力，请你用力推开这扇门，向前走远一点→请前往第三章。

# 你一年8760小时的秘密

2014年4月16日，“岁月”号客轮载着476名乘客从韩国仁川出发，开往济州岛。船上的旅客大多是高中生，准备到济州岛进行修学旅行。按照计划，这艘客轮会在11点到达目的地。

8点58分，有水浸入船体，渡轮开始下沉。

9点31分，渡轮倾覆，船体没入水里。

11点左右，船底朝天，船体几乎全部沉没。

经过一个月的搜救行动，476名乘客中，仅有172人获救，295人确认遇难，尚有9人下落不明。

根据新闻里的画面，出事时，狭小的船舱里，几十个孩子穿着救生服，紧紧地拥抱着。

船慢慢下沉，有的孩子在沉船前一刻拨打电话求助：“救救我们！我们在一艘船上，我认为船正在下沉。”

有的孩子想起自己的亲人，开始哭泣：“爸爸、妈妈、弟弟怎么办啊？”

年轻的生命，就这么戛然而止。

我们永远不知道，明天和意外，哪一个会先到。

由于工作原因，我每年要乘坐几十次甚至上百次的飞机。每当飞机起飞、降落和遇到气流颠簸时，我都会紧闭双眼、默默祈祷。有时候会想，假如这是自己生命的最后一刻，我还会选择做眼下在做的事吗？我还有什么没有达成的心愿？

我并不是一个悲观主义者，却总是会思考一个问题——生命是什么？

我还会不时和朋友们探讨这个问题。大部分人首先回答我的是："你有病吗？"最后的答案千奇百怪，多少反映了每个人当下的生活状态。有人说："生命就是活着。"显然他最近无欲无求，过得平淡。有人说："生命就是奋斗。"那他最近应该没少打鸡血，没少喝鸡汤。有人说："生命就是与家人相伴。"这也能看出他生活的重心。

有一个答案却不会因为生活状态的改变而改变——生命就是时间。

时间就是生命，或者，生命就是时间。人之所以活着是因为我们有时间，当我们死去，只是我们在这个世界上没有时间了。

2011年10月28日，一部科幻题材电影在美国上映——《时间规划局》。

故事发生在未来世界，所有人的遗传基因被设定为一直停留在25岁，不管他们活了多久，一切的生理特征都保持在25岁时的状态。但是到了

25 岁，所有人最多只能再活 1 年，唯一继续活下去的方法就是通过各种途径获取更多的时间，如工作、借贷、交易、变卖，甚至抢劫。

时间成了这个未来世界里的唯一货币。时间管理机构遍布全球，而时间守护者像警察一样，追踪并记录每个人所使用的时间和剩余的时间，一旦在时间银行中的时间额度为零，就将被剥夺生命。有钱人就是有时间的人，可以长生不老；穷人就是时间存款很少的人，一旦他们手臂上的表清零，就意味着死亡的到来。

电影用一种虚构的方式，向我们展示了“一寸光阴一寸金”这个亘古不变的道理。

假如一个人可以活到 75 岁，一年 12 个月，算下来，其实只有 900 个月。如果用一张 A4 纸画一个 30×30 的表格，这 900 个格子就是一个人的人生。我们每度过一个月，就在格子里打一个钩。站在这张表面前，就会看到我们已经错过的时光那么多，还剩下的时间却那么少。

我们都希望，在这宝贵的 900 个月中，我们能走更多的路，读更多的书，完成更多的梦想。由此，怎样通过时间管理更有效地运用时间就变得特别重要。

我教的托福考生中，高中生、大学生、职场人士都有，其中成绩最好的是高中生。在高中阶段，每个学校都有自己的作息时间表，可以帮助学生更好地管理、利用时间。

然而当我们告别高中生活，必须要由自己去管理时间的时候，生活就开始陷入混乱与拖延。

也许你 9 点上班，迟到了就会被扣工资，生活不易，你总是发誓下次绝不迟到，却还是一次次在最后一刻踩着点出门，然后堵车，迟到，被扣钱。

也许你下了一堆学英语的 APP，打算每天学一课，把英语补起来，还做了各种计划，但结果却除了打脸之外没有任何效果。

也许你春节回家时，带了一堆书，最后却一本都没翻过，又把一箱子书扛了回来。

你看了很多书和文章，学习和实践了很多时间管理、时间规划的方法，换了一个又一个时间管理的工具。

每一次开始，你都精神振奋，以为得到了良药，可以改善自己生活的糟糕状态。每一次过程，却都会让你感到疲惫不堪，自己像绷紧的弦一样，片刻不得自在。每一次最后，你都感到失望至极，人生重新陷入灰暗。

一次次周而复始，你却始终没有找到治疗时间病的有效药方。就像你生病流鼻涕去医院一样，医生不是给你开药，而是说“擦”。如果还流鼻涕怎么办？“再擦，擦到不流为止。”

还有很多人直接放弃了对时间的管理，认为只要活在当下，把当下的事做好就行。然而，“当下”稍纵即逝，刚刚说出的话立刻就成了过去，很多要说的话却还在未来。活在当下是一个悖论，对时间掐头去尾后，你会发现几乎什么都不会剩下。

你不禁会问，面对时间，我们就这么无能为力吗？

对于时间管理，我也走过同样的歧途，经历了同样的困惑。

一年365天总是流逝得悄无声息。新年许下的愿望，经过了365天，依然只是梦想。365天里，我们需要工作、学习、吃饭、睡觉，陪伴朋友、爱人或者家人，还要休闲娱乐。在一件件具体的生活琐事面前，时间显得如此匮乏。

但有一天，我发现一年我们所拥有的时间并不是365天，而是8760个小时，甚至是17520个0.5小时。如果把1个小时或者0.5个小时当作一枚金币，你会发现原来自己还是很富有的。

时间的秘密一下子被打开。

如果你想自己掌控时间，请你更用力地推开这扇门，向前走得更远一点→请前往第四章。

## 没有人是一座孤岛

从 18 岁独自坐上火车，来到离家 3000 多公里外的北京求学，到如今已经 7 年了。

7 年，足以发生很多改变。

7年前坚持的，现在可能已经妥协；7年前喜欢的，现在可能已经麻木；7 年前害怕的，现在可能已经可以独自面对。

别人经常说：“艾力，你靠自己在这个城市闯出一片天，是个很强大很独立的人。”

的确，我习惯了一个人面对生活的压力和挑战，一个人处理琐事，就连生病去医院打吊针时，也是一个人在医院的长廊中背着西班牙语等待时间过去。

每天晚上回到家，打开书桌前的那盏台灯，花半个小时录制每晚的中文双语睡前故事，群发到微博上。每一段故事的时长正正好好是 60 秒，一秒不多，一秒不少。读错一个词要重录，错了一秒也要重录。每天 6 点起床后，也会重复这个过程，没有任何人可以帮我，哪怕只睡了两个小时，我依然会自己录好语音进行推送。

7年，2000多个日夜，就这样滑过。

其实，孤单的我也是那个想听到睡前故事的人。

这是一个过于追求独立的社会，在百度搜索“独立”一词能找到23900000个相关词条。

你什么时候独立？你为什么不独立？你怎样才能独立？这三个问题像苏格拉底之问一样，排山倒海地向我们袭来。我们也开始一切向“独立”看齐。工作中，无论什么事情，我们都希望自己独立完成；感情里，无论遇到什么烦恼，我们都希望自己独立面对；生活上，无论有什么难题，我们都希望自己独立解决。

一开始，独立是一件让人向往的事。很多人到了十七八岁，最盼望的就是离开家，独自走向社会。当领到第一份自己赚的工资的时候，我们就像发表“独立宣言”一样向世界宣告：从此我可以自食其力了。

到后来，当独立变成衡量一个人行与不行、好与不好的标准时，独立开始让我们感到力不从心。可想而知，这么复杂的世界，我们独自面对，是一件多么吃力的事情。但我们却陷入了独立的陷阱之中，认为无论什么时候，我们都应该自己去独自默默地承受，扛下来，世界就是我的。所以，即使过得再不开心，即使遇到了再大的难题，给家人打电话的时候，总是报喜不报忧。朋友叙旧的时候，问最近好吗，我们也都一律回答“挺好的”。

这么疲惫，这么孤独。

其实，我们不过是误解了“独立”的含义。

有时候，独立，并不一定就意味着强大。

在《高效能人士的七个习惯》这本书里，史蒂芬·柯维把人的成熟分为三个阶段：依赖—独立—互赖。小的时候，我们完全依赖他人，生活上由父母照顾，学习上由老师指导。慢慢地，我们长大，在身体、智力、情感和经济上都变得独立，能够照顾自己、管理自己。但我们也会发现，再强人的人，也不能丝毫不依靠他人。人本来就是高度互赖的，想要像孤胆英雄一样在世界上闯荡，是一件很傻的事。史蒂芬说——

> 互赖是一个更为成熟和高级的概念。生理上互赖的人，可以自力更生，但也明白合作会比单干更有成就；情感上互赖的人，能充分认识自己的价值，但也知道爱心、关怀以及付出的必要性；智力上互赖的人懂得取人之长，补己之短。

作为一个以讲课和演讲为生的人，最孤独和最不孤独的时刻，都是面对观众的时候。无数次奔赴陌生的城市，来到大小规模不等的演讲场地，面对未知的受众群，我无法预知台下的反应如何。

这像是一场一个人的战役，成败只取决于你自己，所以需要承担更大的风险。

如果在演讲开场的前三分钟没有引起听众的兴趣，每隔两分钟没有一个小高潮，听众们没有鼓掌、欢呼、叹息等情感交流，那最好的收场就是赶紧下台。即使再优秀的演讲者也有可能在某一次不经意的时刻遭遇滑铁卢。

所以很多时候，大场面的演讲都是两三位演讲师搭配上场，这样万一一个人发挥失常，另一位同伴还可以出来救场。如果只有一个人在台上，遇到被听众起哄，那恐怕既会让现场的听众失望，也会让那位演讲师失去信心，也许从此不敢再登台了。

几年前的一本畅销书《每周工作4小时》，讲述了在全球化3.0时代，移动通信和网络空间给人带来了更多的自由时间。每周工作4小时不再是痴人说梦。作者蒂莫西·费里斯是“每周工作4小时”观念的首创者和成功实践者，他一人身兼企业家、作家、演员、武者和舞者多种身份。他能说六门外语：汉语、韩语、日语、德语、西班牙语、意大利语。

他宣称：“世界上最富有、最成功的人和所有人一样，每天都拥有同样的24小时，每周都拥有同样的7天。他们之所以杰出，是因为他们更聪明地工作，而不是更辛苦地工作。”

举个简单的例子。比如整理数据，一个美国程序员可以自己做主要的 20% 的工作，将鸡毛蒜皮的小事授权给别人，每小时的收入为 95 美元，而他支付给印度程序员的工资仅为每小时 5 美元。这个例子比较极端，但说明了一点，在不违背商业道德的前提下，通过授权，让专业的人做专业的事，自己就可以获得更多自由时间。凡事都亲力亲为，能够留给自己的时间自然会少得多。

在学会自我主导的同时，学会与人合作、互相依赖，既能在关键时候帮助我们弥补不足，也能提升工作效率。

工作如此，生活也是如此。

没有人是一座孤岛，可以自全。

如果你不想再独自面对世界，请你更更用力地推开这扇门，向前走得更更远一点→请前往第五章。

## 90%的人倒在了这个叫成功的路上

《星际穿越》的热映让一位作家被更多人认识——科幻小说《三体》的作者刘慈欣。

很多人将《星际穿越》与《三体》联系在一起，觉得编剧兼导演诺兰肯定参考过《三体》的故事。《三体》英文版获得美国科幻奇幻作家协会2014年度“星云奖”提名，《纽约时报》也曾撰文评论。

其实，刘慈欣从事科幻写作已久，他曾连续八年获得中国科幻小说最高奖项“银河奖”，被粉丝们昵称为“大刘”。这位中国最畅销的科幻作家孤身一人将中国科幻文学提升到世界水平。

大多数时候，刘慈欣只是待在自己的单位里，一个地处山谷的偏僻电厂。在那个叫“娘子关”的地方，他完成了《三体》三部曲的创作，共88万字。

自1999年处女作《鲸歌》问世，到2010年完成的代表作《三体》系列，刘慈欣说，感觉自己的创作就像一个导游，带着读者去游览自己的想象世界，他带着这个“旅行团”已经转了十余年。

十年苦功不寻常。

2015年春天，《我是歌手》第三季让李健成为文艺男神。

早在2001年，他就与卢庚戌成立“水木年华”组合，发行了两张专辑。2002年他选择单飞后，又发行了数张专辑。

但真正让他大红大紫的，却是十几年后的这个舞台。

强大需要很多机缘。李健说，像春晚上天后王菲翻唱自己的《传奇》这样的机会，不是每个人都有。但当机会到来时如果你只有一首《传奇》是不行的，你必须要有很多作品。你所有的那些积累，可能就是为那样一个真正的机会所准备的。

这两个几乎众所周知的故事，以及其他我们熟悉的所有成功者的故事，都在印证着一个真理：坚持就是成功。

坚持就是成功，这是一件人人都明白的事。但90%的人却倒在了这条路上。

我的同学B来自农村，在经过初中英语老师的Chinglish洗礼后，考入了市重点中学念高中。刚进学校时，他对英语学习依然热情高涨，积极加入了英语阅读小组，参加英语辩论赛。

在一次“英语角”活动上，大家讨论高中生是否可以自由恋爱的话题，B信心满满地回答：“You know, I haven’t, you know, fallen in love before, but...”他结结巴巴，一句话里冒出几个“you know”之后，一旁的美女同学打断了他，毫不客气地回答说“I don’t know”。看到周围人强忍笑容的样子，他尴尬得无地自容。

之后，他埋头背单词、背句型，在英语笔试中成绩优异，但对英语口语却完全失去了兴趣与信心。

大学毕业后，他进入一家外企。虽然是技术人员，但也需要用英语与人交流。于是，他重新制订了英语口语的学习计划。然而，只坚持了不到两周，口语拯救计划就失败了。

计划做了一次又一次，却总因为各种各样的原因而放弃。他也知道只要能每天坚持练习，不再畏惧在他人面前自信、大声地说出英语，可能就会成为自己期待中的口语达人。为此，他试过了各种方法，参加学习小组、网络打卡、惩罚自己……如此几番折腾后，他也没能看到成功的曙光。

不只是我的这位同学，还有很多很多的人都是这样“死”在了坚持的路上。

想要减肥的人，找来了各种减肥的秘籍，给自己制订了看起来最完美的计划，但计划实行不到一半，大部分人就放弃了；想要戒烟的人，告诉自己和亲人，自己这一次一定要成功戒烟，于是销毁了身边所有的烟，让身边的人都来监督自己，但没多久他就又开始抽烟了；想要学习一门新技术的人，给自己买回了各种学习资料，要求自己每天看多少页书、做多少道训练题，但总是一本书没翻几页就束之高阁，落满尘埃……

很多人认为自己不能坚持下来，是因为没有足够的意志力。于是为了让自己有足够的意志坚持，采用了无数的方法。

把200元钱交给身边的同事，告诉同事如果自己在这两周内吃肉，这200元钱就充公了；如果吃了冰淇淋，就惩罚自己跑5000米；在房间里贴满了"你一定能减肥成功""你的目标是45kg""不要乱吃垃圾食品""给我运动去"的便笺……

但失败，依然是失败。

直到最后，能用的方法都尝试过了，仍旧只能一边眼看着自己放弃，一边埋怨自己意志薄弱。

减肥失败，我意志力不够！

戒烟失败，我意志力不够！

学习失败，我意志力不够！

被埋怨了一辈子的意志力，可真是受尽了委屈。在《干劲的开关》里，作者说，"影响结果的不是斗志，而是科学"。

心理学家沃尔特·米歇尔（Walter Mischel）曾经做过一个著名的心理学实验。在实验中，小孩子有两种选择：要么立刻吃到1个棉花糖，要么15分钟后得到2个棉花糖。

经过20年的追踪调查，他发现，当初选择等15分钟拿到2个棉花糖的孩子，基本在任何方面都要优于迫不及待就吃掉糖果的孩子。因此，人们得出结论，失败的人更难抵制诱惑，而其根源就是意志力的缺乏。

*Change Anything* 的作者重复了这个实验。最初，只有 1/3 的孩子能坚持 15 分钟。然后，作者对实验过程进行了调整，在实验前先教孩子们一些技巧，例如转移注意力等。结果能抗拒诱惑的孩子多了 50%。

很多时候，我们不能坚持某个计划后，只是简单粗暴地将其归为自己意志力薄弱，一方面痛恨自己，一方面又觉得自己无可救药。

而实际上，对任何人来说，意志力就像一个人的精力一样，都是有限的。“坚持就是成功”的实现，除了意志力，更需要配合一定的方法和技巧。掌握了这些方法，我们才能成为那 10% 的人。

如果你想坚持到底获得成功，请你直接撞开这扇门，飞过去吧→请前往第六章。

你一年的8760小时

CHAPTER 02 /

# 把自己当作公司一样经营

世界是其所是，

那些无足轻重的人，

那些听任自己变得无足轻重的人，

在这个世界上没有位置。

——奈保尔

# 没有方向，怎么走都是游荡

现在，我希望你能放下手头所有的工作，点开一首舒缓的略带小清新的音乐，和我一起运用想象力来做一件有意义的事。

想象一个美好的周末清晨，你在九十点钟醒来，阳光明媚，周身舒畅。打开窗户，呼吸到新鲜的空气，放眼望去，一片新绿。这是一个没有工作、没有压力的周六的早上。

起床之后的你和自己心爱的人，可能是家人，或是那个ta，共进早餐，吃的是你最爱的食物。接下来你们打算一起去旅行。

你们一起驱车前行，周末城市的郊外宁静而美好，充满梦幻的色彩。谈笑间，你们来到了一座欧式风情的白色木屋前。

里面人头攒动，你们决定进去一探究竟。你突然发现，屋里居然站满了与你的生命息息相关的所有人。家人、朋友、同学，一切你所珍视的人都在这个房间里。你很吃惊，但是似乎没人发现你，大家目光平静，互相交流着。

你想和他们打招呼，但大家对你视而不见、听而不闻。于是你站在一旁，在一定距离之外静静地打量着。过了一会儿，所有人都入座，逐一站在台前发言、分享。你没有仔细听大家在说什么，只是很好奇。过了一阵你发现没人上台去讲话了，于是你决定走到台前把自己的想法也和大家分享。

你站起身来，带着些许紧张和忐忑，但还是保持着向前的勇气。一步、两步、三步、四步、五步、六步、七步，七步之后，你站到台前，转过身面对大家，深吸一口气，准备说出心中所想。

正要开口，你突然发现在你右手边不远处的桌上放着一个木盒。你很好奇，之前并没有注意到它，你想去看看里面到底装着什么。

你正打算打开盒子，却看到了盒子上有一张你的黑白照片，肃穆而沉重。抬头一看，头顶横幅上写着一行字：沉痛悼念 ×××。

没错，这就是你的葬礼。

读到这里，你可能以为自己买错书了，怎么一本励志书变成了一部悬疑小说？但如果刚才你在阅读时真的将自己代入这个场景，那你或许会经历些许灵魂的洗礼。——这也是国外流行的“墓园疗法”的一个环节。

不要停下来，你还在葬礼中，一个会在五十、六十，甚至一百年后真实发生的葬礼。从古至今，一个人自出生那一刻起，便是向死而生，没有任何一个人能逃离死亡的命运。

1987年，美国著名小说家雷蒙德·卡佛被诊断为肺癌。在最后的诗作《最后的断片》中，他写道：

这一生你得到了
你想要的吗，即使这样？
我得到了。
那你想要什么？
叫我自己亲爱的，感觉自己
在这世上被爱。

这首诗刻在卡佛的墓碑上，也是电影《鸟人》的开篇。

对雷蒙德·卡佛来说，面对死亡，他知道了自己最想要得到的是爱，希望自己是别人“亲爱的人”。

那么，我们呢？

我们希望在生命结束时，如何回顾自己一生的得失？又希望别人在我们的葬礼上如何悼念自己？

我思考过很多次，还曾跟我的学生进行过互动，答案各不相同。有个英文名叫威廉的中国学生说，他希望，对于他的妻子，他是一个好丈夫；对于他的孩子，他是一个好父亲；对于社会，他是一个有贡献的人；而对于他自己，只愿此生无悔。很难想象这是一个 14 岁男孩说的话。

另一个 15 岁少年说出的话更让我震撼——他当时竭尽全力用英文(这是我在英语课上做的活动)来表达自己的愿望，翻译成中文是：他希望“他的死亡代表了一个时代的终结”。

每个人终将离开这个世界，在我看来，生命的意义蕴于当下的每一刻和每个选择之中。假设明天是你生命的最后一天，你是否还选择做你当下从事的事情？是否能坦然离开这个世界？

如果说这个问题对于之前的我而言，更多是一种假设，那么经过父亲的葬礼，我终于能够感觉到这个问题是那么实在。

父亲在我距大学毕业还有 15 天的时候去世了，父亲的早逝是我人生的一大遗憾。

更让我遗憾的是，因为不善表达感情，我从来没有告诉过他：我尊敬他，我爱他。我也从未真正去了解过他，我不知道他都做过什么事，也不知道别人对他有什么评价。

他的葬礼在喀什老家举办，尽管他已经离开老家很多年了，但葬礼上还是来了将近四百个人。很多农民朋友风尘仆仆从各地赶来，只为送父亲最后一程。从他们那里我才了解到，父亲这一生居然做过那么多好事。甚至他的骤然辞世也是因为帮助他人。

2011年6月14日深夜，父亲和7个同事去新疆霍尔果斯县三道河乡检查新修好的太阳能路灯，那是路灯正式投入使用的第一个晚上。这个地区之前一直没有路灯，晚上这里一片漆黑，驾车有危险，行人就更看不清路了。父亲之前在科技厅工作，通过自己的努力，招商引资，为乡民修建了很多生活设施，这些太阳能路灯也是其中之一。

夜里11点，漆黑的道路终于被路灯照亮，所有人都沉浸在喜悦中。

就在此时，两个19岁的少年，骑着一辆摩托车以超过90公里的时速撞向人群，不偏不倚撞到了正在检修路灯的父亲。大家迅速把父亲送到了医院，尽管医生已经全力抢救，但因为伤势过重，他再也没有醒来。

父亲所做的这些事我都不知道。在我心里，他是个严肃、严厉甚至显得有些冷血的人。当我知道这些的时候，我深深地感到，他早已经活出了生命的意义。

“生命有如文章，不在长短，而在内容。”尽管我们的人生道路完全不同，然而，我希望用自己的方式让父亲的名字继续存在，他给我的鼓励一直都在，永远都在。

人们很容易知道生命的起点，但终点在哪里却不清楚——下个月，明天，还是下一分钟？在生命结束的那一刻，有几个人真正活出了生命的意义？

我在想，如果长眠的不是父亲，而是我，又会得到怎样的评价？人们可能会说：这位北大才子英年早逝，他一辈子唯一的成就就是证明他很会考试；他能力优秀，但只顾及自己的感受；他天赋超人，却没为世界留下美好。

我真的不希望自己留给世界的印象就是这些。父亲的葬礼过后，我下定决心要有所改变。

前一阵，微信朋友圈有个热门应用，朋友们可以匿名写下对你的评价。尝试一下，你会发现在别人心目中的自己，往往与你想象中的相去甚远。如果你不希望这是你在自己的葬礼上得到的评价，那从这一刻起请你改变。

一艘船在海上航行，最怕的不是遇到风浪和海怪，而是没有方向。如果失去了方向，那么所有方向吹过来的都是逆风，它永远都是在无尽的虚无中徘徊。这个痛苦无边无际。正如V.S.奈保尔在《大河湾》中所说："世界是其所是，那些无足轻重的人，那些听任自己变得无足轻重的人，在这个世界上没有位置。"

如果没有方向，怎么走都只是游荡。那么多年轻的灵魂在迷茫中徘徊，不就是因为没有找到自己的方向吗？解决任何问题，都应该站在一个更高的台阶上。

当我们找到终极问题的答案，就会找到人生应该行走的方向。

## 认清人生每一道关口的大 BOSS

小努，是一个视工作如命的人，上班比谁都早，走得比谁都晚，周末就算领导不提出要求也会主动加班。他尽可能多地完成工作，尽全力成为标兵，和当年在学校时一样，每每面对考核的事都一心一意，永远争第一。

但让他诧异的是，即使他做了那么多工作，但似乎总是没有办法让所有人都满意，全身心地工作也让他忽略了朋友，更令他头痛的是病痛缠身，影响了健康。就连升职的机会也总是被人抢走，他不明白为什么自己这样努力，也没有办法获得他人的认可和理解。

小艾，是一个视感情如命的人，总是对另一半非常呵护，早请示晚汇报，给心爱的人当牛做马。他希望经营一段完美的爱情，希望爱人永远爱自己。虽然自我感觉付出了很多，但对方总是不满意，久而久之，曾经如胶似漆的恋人反而对他百般挑剔。

小力，是一个看重兄弟情义的热血汉子，朋友一句话他就会出现，朋友有困难他总是第一个帮忙。几乎所有的朋友聚会他都一个不落地去参加，哪怕因此耽误了工作和休息时间。他觉得自己是这个世界上最讲义气的哥们。但让他郁闷的是，朋友们对他却并不像他那样热情，自己对人掏心掏肺，朋友对他却没敞开心扉。他费解，这帮狼心狗肺的家伙为何如此不重义气。

小努、小艾、小力的郁闷其实是所有人都遇到过的状况。这其实也是我本人，努尔艾力，在不同阶段遇到的困惑。

每个人在生命中都扮演着不同的角色，随着年龄的增长，角色也在增加。小时候，我们只要天真无虑地扮演好孩子的角色就好，衣来伸手，饭来张口，不需要考虑任何事情。这时候如果忧国忧民、少年老成，会被看成怪胎。那时我们扮演的角色很少，压力自然也小。

随着年龄增长，人到中年时压力最大，上有老下有小，还要在职场拼搏。这个阶段，我们是儿子又是父亲，是妻子又是母亲，是下属又是领导，是同事又是朋友。

等到头发白了，睡思昏沉，就又可以只扮演慈眉善目的老人这一个角色。

时常不自知的是，我们经常只记得年龄的增长，却忘记了角色在增加，就会出现小努、小艾、小力的烦恼——太专注于一个角色，却忘记了这个舞台还有太多角色等待着我们。

因此，确定了自己的人生方向后，还要把它具体化为人生目标，才能让我们追求的生命的意义真正落地。

人生目标的确定可以说是一门绝对的技术活。既要能仰望星空，又得脚踏实地。在尝试过不同的计划、目标制定方法后，我发现用史蒂芬·柯维在《高效能人士的七个习惯》中提到的角色定位的方法来确认人生目标最方便、最有效。

每个人都在生活中承担着不同的角色，我们需要在不同的角色里确定各自的目标，让这个目标贴合我们人生的愿景。这样，我们既能保证人生中重要的事都有一个可以信赖的方向，也能保证人生不会因为过于集中某一两件事而失去了平衡，反受其害。

现在，请拿出一张干净的白纸，先在左边一栏列出你能想到的所有重要角色，孩子、朋友、兄长、同事、领导……再在右边列出对应目标。不必太具体，只需要想着希望别人如何总结你的一生。比如在朋友那一栏，对应目标可以这样写：我无法成为那种24小时随叫随到能陪你闲聊到天明的朋友，但我立志成为那种你一旦有难，无论是经济、情感上，只要有需要，我就会立刻过去解决的朋友。以此类推，每一个角色都可以列出相应的目标，当你完成了这张表格，你会发现，人生像一场有趣的游戏，每一关的大BOSS都清晰可见，激励你去完成一个个挑战。

我在两年前为自己列了这样一张清单：

| 角　色 | 目　标 |
|---|---|
| 儿　子 | 让母亲安度晚年，感受到亲情的温暖，并帮她完成周游世界的心愿 |
| 哥　哥 | 帮助、引导妹妹，希望她成为对社会有用的人，找到人生真正的幸福 |
| 教　师 | 教给学生真正实用的东西，而不只是哗众取宠。不仅仅教书本知识，更要分享做人的道理 |
| 同　事 | 帮助他们在职场上有更好的发展，并且做到至少自己不在背后说他们的坏话 |
| 下　属 | “管理”好我的上级，从他们身上学习到一切能学习的东西，帮他们解决工作中最需要解决的问题 |
| 领　导 | 完成公司制定的目标并帮助下属在职场上快速成长 |
| 朋　友 | 即使无法做到每时每刻的陪伴，也要让他们知道我是那个最关键时刻可以依靠和信任的人 |

这张清单，让我的人生避免陷入混乱，让一切都开始变得井井有条，让自己在每一个人生角色里都向着自己希望的方向前进。

但在我列出这张清单之前，上述的这一切对我来说是完全不可想象的。

毕业后，在北京工作的前6个月，我发疯一样拼命。因为父亲不在了，养家的压力是实实在在的，而对于自尊心很强的我来说，深感如果做得不够优秀，就无颜面对母亲和妹妹。

很长一段时间里，我每天早上第一个到公司，加班到最后一个离开。新东方总部二楼有个小会议室，见证了我的疯狂。

无数个夜晚，因为工作到实在太晚，我就索性住在办公室里。整个大厦笼罩在黑暗里，只有我一个人，我甚至没有想到怕鬼。不怕鬼的原因也很简单，我在想，像我这样工作这么用功的人，某种程度上也是一个怪物一般的存在，没必要去害怕另一个怪物。

我因为太专注于工作总是错过饭点，经常过了很久饿到胃痛才想起吃饭。连续工作10个小时，在椅子上坐一会儿就在无意识中睡着。发烧到40度，可因为不想耽误上课还是坚持到工作结束才去看病，即使在医院挂号排队时，我还在懊恼生病耽误的工作要在过后如何腾出时间补上。

即使经历了那么多痛苦与煎熬，强大的拼搏欲望还是支撑着我努力工作，甚至，都没有时间自怨自艾。当时的想法很简单，我把努力工作等同于关心家人。

半年后，工作渐渐上了轨道，和家人沟通的时间却越来越少。每天不停地讲课，下班后还要备课，等到有一点属于自己的时间了，却已经累得没有讲话的力气，给妈妈妹妹打电话的次数和时间也越来越少。有一次妈妈跟我打电话时都快哭出来了，她埋怨我说："你现在到底是怎么想的，还要这个家吗？"

我当时听了心里很委屈，辩解说："我这么拼搏为了什么？还不是为了你们？我做这些就是为了让你们过得更好，为什么不理解我呢？"

为什么不理解我？这是很多成年人都有过的疑问。答案很简单，你没有给予对方想要的关怀。

那一次的通话让我意识到：即使你拼命而为，但在别人看来，你没有分享时间和感情，没有给予对方真正想要的东西，那就是你的错。甲之熊掌，乙之砒霜。你所给予的，未必是对方真正看重的东西。

从今天开始，列一份角色与目标的清单，每天、每周、每个月回顾一下，不将目光只局限于一点，而是宏观考量自己的各种角色和定位，并时时自我修正。

你的人生将变得不同。

# 任何一个地方，都可以是你的主场

我喜欢弹吉他，也经常在睡前故事里给大家唱歌。已经记不清有多少次，别人说我唱歌的声音实在太难听了，大家都直言不讳地说：别人唱歌要钱，你唱歌要命。

但如果你有幸或者不幸跟我去次健身房，就能听到我真正鬼哭狼嚎的惨叫声。每次做无氧运动时，被健身教练逼迫着去举原本无法举起的重量，一次次力竭训练，想要放弃却无法放弃时，整个健身房都能听到我惨痛的悲号。

我曾经无数次地问教练："你干吗这么虐我，我们慢慢来，像其他人那样，一点点提升不好吗？"而教练每次都展现着他健硕的肌肉略带鄙视地对我说："你真的想练肌肉吗？你要知道，想增肌到位，就是要感到痛才可以。只有练到酸痛，晚上回去好好休息加上补充蛋白质，你的肌肉才能成长。如果没有痛感，说明今天你根本没练到位。"

舒适感，是成长最大的敌人；痛苦，是成长最好的标志。如果你想练肱二头肌，这块肌肉练完之后不酸痛，那肯定没效果。如果你偷懒通过按遥控器甚至疯狂玩英雄联盟来练习，那你的这块肌肉恐怕一辈子都练不出来。说白了，锻炼就是给自己找苦吃。

人生中的成长也一样。如果面对恐惧，不能踏出关键的一步，也许我们获得了舒适，但我们也失去了想要的未来。

2011 年 6 月 14 日，父亲突然离世，那段时间的痛苦经历是很多人无法想象的。

葬礼后第 8 天我回到北京，每一天都那么漫长，不知道怎么熬过来的。学校其实还有一门考试和两篇论文。老师知道这个情况后表示，考试可以补考，论文可以缓交。6 月底，我才开始处理考试和论文以及毕业事宜。

7 月 6 日是毕业典礼，其他同学都有自己的父母陪伴。我却一点都笑不出来——不但永远失去了父亲，母亲也不能来到北京。一如大一那年，为了逞能，我拒绝了父母的陪伴，孤身一人来北大报到。不同的是，那时候充满了对未来的向往，踌躇满志。而这一次，以及在以后的漫长岁月，我都将一个人面对所有的挑战，还将担负更大的责任。

所有同学都在欢呼雀跃中庆祝毕业，我却有些迷茫。

出国的人去意已定，留下工作的人也找好了房子。学校要求 7 月 9 日离校，而我当时还没有找好房子。突如其来的变故，把一切都耽误了。

由于父亲是因公殉职，在有关方面的照顾下，我可以选择回家乡当一名公务员。一份稳定、体面的体制内工作是这个时代不少人的首选。这份工作可以带给一个年轻人莫大的安全感。可我知道，父亲做了那么多努力让我走出新疆来到北京，就是不想要我过那种简单的、大多数人眼中的幸福的生活。我要的不是OK的生活，而是有梦想有激情能改变世界的生活，而这一切，乌鲁木齐无法满足我。我记得一句话："做小决定的时候听从大脑，可以分析利弊。而当做大决定时一定要追随自己的内心，因为你的心多多少少会知道要怎样选择。"

选择大城市还是小城市永远是个难题，可以说，我是排除万难才得以留在北京。

在我的价值观里，男人要独立自强，自己扛下所有困难，对所遭受的一切苦难保持沉默。至今让我忘不了的一个画面是，父亲去世后，我在卫生间听到亲戚们劝母亲让我留在家乡留在她身边，而母亲坚持让我追求自己的梦想。那一刻，我心如刀割。

任何一个"北漂"都活得相当艰苦。在大城市别说找间房了，就是找张床也不容易。即使很简陋的8平米的房子，租金也在3000块左右，而且房东态度、卫生条件都很差，要高价的唯一的原因是地理位置好，距离北大近。即使我接受了这些条件，也会遇到意料之外的困难。经常是好不容易要签约的时候，对方看到我身份证上的全名"努尔艾力·阿不利孜"，知道我是新疆人，就犹豫了，让我过三天再来。我当时还傻傻地想，怎么每次被拒绝的时候都说“过三天再来”。

第五次租房被拒后，一个人深夜走在中关村的马路上，我心里想，为什么会这么难。

大城市的万家灯火，没有一盏是属于我的，属于我的那一盏，在我望不到的家乡。

好在，我坚持下来了，没有一天放弃过努力和奋斗。

留在大城市就是选择了奋斗，浑浑噩噩度日就辜负了自己。选择从来都没有对错之分，关键是在选择之后做了什么。如果当时我选择留在家乡，可能也有另一番风景，但也不会体验到如此多的精彩，结识如此多良师益友了。

电影《艋舺》让很多人明白了一个道理：年轻的时候，也曾经以为自己是风。可是最后遍体鳞伤，才知道我们原来都是草。

但如果我们是风呢？是不是就因为害怕遍体鳞伤，而拒绝了原本可以实现的飞翔？

没有人希望终生被关在笼子里生活，变成单向度的套中人。问题是，给你一整片天空，可以自由翱翔，但也有可能坠落，你是否真的敢要？

《上课记》里，王小妮书写的那些关于“贫二代”的言语和故事，引发了很多人的共鸣。她的诗歌课作业有过一题：“谈生活背景对人内心的影响”。很多90后学生的共识是：好背景意味着内心足够自信强大，因为有退路。“普通背景就怯一点，别人输了，输的只是钱，我输了输的是生活，没有那么多青山可以留着烧柴，内心就会保守。”

生活中，我们也经常听到这样的抱怨：别人有背景，我只有背影。一无所有，谈何追求梦想。

在现世安稳和鸡蛋撞墙之间，多数人出于害怕，最后选择了安稳的一隅。不必忍饥挨冻，也不用担心明天以何为生。但总有少数的人，他们的人生不满足于只是“活着”，他们不能放弃对未来和远方的渴望，并竭尽全力使之成为现实。

有多少次我们放弃了自己梦想中的目标，只为寻求那间名叫“安全感”的房子，似乎只有栖身于此才能安身立命。人生一世草生一秋，追寻和获得的如果不是自己最想要的，只是屈从于别人的价值评判和内心对于所谓安全感的追逐，这样的人生要来又有什么意义？

安全感只能自己给予自己。日日夜夜的努力、奋斗，无数诚意和汗水的积累，让人内心强大，一个人走夜路也能放声歌唱。

《瓦尔登湖》中说：“我不强求别人采取我的生活方式……但我盼望每个人都能非常清醒地去发现和追求他自己的生活方式，而不是模仿他的父亲、母亲或者邻居。”

任何一个地方，不是你的故乡，却可以成为你的主场。

此心安处是吾乡。

# 让未来现在就来

几乎所有人都有堕落到无以复加的时候，眼前一片迷茫，无所事事，我也不例外。

我的那段堕落时光，是在很多人梦寐以求的北大校园发生的。大一下半学期，我对电脑游戏的迷恋到了废寝忘食的地步。将近一个月，我几乎每天都要去北大南门二楼的网吧包夜。这里面坐满了北大各式各样的天才，不同的是，他们在网吧里发挥着自己的另外一个天赋——打游戏。放眼望去，一个个蓬头垢面的北大才子在电脑屏幕前奋斗着，成为网络世界的“键盘侠”。

那也是《魔兽世界》最火的时候，我幻想在艾泽拉斯的世界奋斗出自己的青春，曾经创下了连续一周天天包夜的纪录。长时间专注地打游戏，废寝忘食地生活，甚至一度我都怀疑自己是否要猝死在网吧。虽然我并不想在我去世后，世界对我的印象就是我在网吧的皮椅上留下的两个屁股印，或者在媒体上出现“北大学子沉迷网游，通宵游戏不幸猝死”的报道，但我依然夜夜沦陷于此。

有过网吧包夜经历的人都知道，到了凌晨三点，即使是铁人，也难免扛不住要去吃点东西。这个时候便是北大南门卖串大叔这一天来最后一个生意高潮。

有一次吃串时，我和大叔聊起了新东方俞敏洪老师的传奇经历。当初，俞老师为了出国多次考托福，后来托福拿下了，他却发现与其考托福出国，不如留在国内，帮助更多学子克服英语难关，实现出国梦想。这个既道义崇高，又利润丰厚的创业模式就这样被俞老师发掘出来，后来才有了新东方这个全国闻名的企业。

有段广为流传的创业佳话。在新东方刚建校时，没有宣传资源，俞敏洪经常自己拿着糨糊和传单去张贴教学小广告。现在确实很难想象，那种贴满了小门诊、老军医、开发票的广告旁边，贴满新东方英语培训广告的情形。那些小广告见证了俞敏洪当年创建新东方的历程，也成了卖串大叔心头永远的痛。

“想当年，俞敏洪创业时贴海报还找过我呢。他曾经跟我说：‘跟我一起贴海报，带你一起做新东方’。”这段对话不知道是确有其事，还是大叔的吹嘘。总而言之，听起来俞老师找过他贴海报这事很像是真的。

大叔接着说：“当年看着老俞瘦弱又土的样子，一个人在那儿贴海报挺可怜的。当时我卖串生意好，每天晚上在南门摆摊，别说挣生活费了，干几年在北京都能买上房。再看看他，真是觉得还不如请他多吃点烤串呢。”

就这样，大叔与创业机会失之交臂。之后的很多年中，这段因缘也成了他聊天必备的谈资。

而大叔当年所想象的未来在某种程度上也算是实现了。北大南门，几乎所有学生都吃过他的烤串。他现在也不必天天坚守阵地，而是雇了员工打理生意。他确实让自己想象的画面变成了现实，称霸了北大南门的小吃摊。但我感到一点可惜，如果当年他有更大的想象力，也许今天新东方的管理层里也会有他的一席之地。

我们不得不承认一点，这也是被无数人万千次证明过的：一个人所想象的生活，十有八九会最终成为他过的生活，无论好坏。当然，有人会说，我什么都不想。那他的生活就会注定一成不变。

人生的很多转折点是由不经意的人和事引发的。那天深夜，我一个人走在回网吧的路上，路灯下的影子，有时长些，有时短些。和卖串大叔的谈话让我开始思考自己是否应该花如此多的时间和心力日复一日在网吧里度过自己的青春，是否需要一直在虚拟世界里体验成就感和温暖。我的答案是：不。我想要的未来不是在夜晚的网吧里称雄称霸，而是在帝都的阳光下散发自己的光芒。

每个人过上自己想要的生活，大抵都会经历两步。第一步，在大脑中想象自己要的未来；第二步，经过努力，真的过上了那种生活。

俞老师和烤串大叔，都过上了各自想象中的生活。而之所以他们今天的生活会有这样大的差别，只是因为他们对于未来的想象不同。

现在，请你缓缓地闭上眼睛，想象自己正走在一条花香满径的小路上，微风拂过，小鸟清鸣，前面出现了一座城堡。你向城堡走去，门没有关，你轻轻地进去。房间里有微弱的光，里边还有一扇小门。而这扇门的背后，就是十年后的你。你停下来，深呼吸三次，你告诉自己准备好了，一、二、三，你轻轻地推开门。你仔细看看，此刻你在什么地方，周围的环境是怎样的，身边还有其他人吗？你正在做什么？你的心情怎样？仔细地看，仔细地听，仔细地感受……

好了，我们已经看到了十年后的自己，我们重新走向那扇小门，推开小门。然后睁开眼睛，你一定还记得刚刚看到的十年后的自己吧，或许那就是你内心所期待的未来。或许第一次，你看得不是很清楚，你可以不断地重复上面的步骤，直到那个未来的场景越来越清晰，越来越具体，细节越来越丰富，直到它熟悉得变成你生活的一部分。然后心存这未来的美好图景，去开启每一天的生活。那个图景，最后一定会出现在你的未来。

现在，你是否能够静下心来，好好想象你的未来？你是否有勇气把它融入到你的生活里，让它成为你现在生活的一部分？

即使你拼命而为，在别人看来，

你没有分享时间和感情，

没有给予对方真正想要的东西，

那就是你的错。

一杯咖啡或一壶茶，

一个安静的角落，

生命中的一些美好，

需要安静地浪费。

很多人在黎明前一刻认输，
只有那些从黑暗中穿行而过的人，
才能看到灿烂的朝阳。

电影《帕丁顿熊》中说：

“我们认为天花板下面的地方就是家，

可是身体来了，心灵未到。”

有多少人找到了天花板，

却找不到心灵？

如果时间没有记录，

就好像生活不曾发生过一样。

如果阳光没有洒满树叶，

就好像这一切不存在一样。

真正牛的人，
会去做重要但不紧急的事，
真正成功的人，
会更加关注生活中的美。

无论经历怎样的欢欣与苦痛，
在这世界上你永远不是孤身一人。

我希望，世界因为我，

不再是冷漠而残酷的——

愿我所见之人，所历之事，

哪怕因为我有一点点好的改变，

我就心满意足了。

## 奇葩说：我的职场人才观

和我稍微熟悉一点的人都知道，我笑起来的时候自带酒窝和婴儿肥，非常可爱，虽然我一直不想走可爱路线，觉得大男人卖萌可耻，但大家都喜欢看我笑的样子。

同样的这一批人，也跟我说过，我一旦严肃起来，那张臭脸真的能把人吓死、气死、恨死。于是我在同事圈里有了各种外号，“双面侠”“金刚芭比”“综合性人格分裂症”等等。而这张脸最常呈现的，就是我作为新东方面试官，面试上千个求职者时的表情。这些求职者中有哈佛读书回来临时教课的，也有哥伦比亚大学等世界各地名校毕业的佼佼者。我会尽最大可能客观地评估一个人的个人综合能力，尽量不被其他因素干扰而作出决定。

之所以在面试时会特别严肃，我也有自己的考量，这就是所谓的压力面试。电视求职节目中，经常可以看到一个原本条件不错、充满自信的求职者，在考官的“刁难”下，很快就方寸大乱。要么被打击得不断承认自己的不足，要么被激怒，用傲慢、对抗的态度来维护自己的尊严。而那些不温不火、坦然应对的人，才会赢得尊重。在压力下，一个人的本性会暴露无遗，而一个人能否抗住巨大压力也是判断他能否在职场上走得更远的最基本的依据。

我参加过一个“严肃的辩论节目”——《奇葩说》。节目里充满了“奇葩”。而作为一个面试官，我有更多机会遇到各种意想不到的奇葩，明白“世界物种”的多样性。

第一类是“简历葩”。一般来讲，无论你有多么辉煌的经历，都要在一页 A4 纸上说明白。即使想展示的成绩再多，表达时也要有所取舍。哈佛商学院模板会比较好地展示你曾做过什么样的事。举例的时候一定不要夸大其词，也不要含糊其事。在展示自己获得的奖励方面，“康师傅再来一瓶”或者小时候获得的“三好学生”真的不会给面试官留下任何好印象。

简历中最无用的一项就是自我评价，只要一句话即可，因为几乎每个人的自我感觉都是良好的，都会觉得自己最大的缺点是过于追求完美。很多求职者把自己写得像圣人：既有非常好的组织领导能力，又有个人能力，既能团结同学又能单打独斗，上天入地无所不能——对自己的赞美超过对祖国的歌颂。每当见到这些自我评价神乎其神的人，我就会像看到照片PS过度的美女本人时那样抓狂。

第二类是"跪舔葩"。迅速表忠心，姿态放得过低，什么工作都能做到，什么条件都能答应，只要你给我一片阳光，我就给你无限的灿烂。但问他为什么在之前的公司表现欠佳时，都会被归结为别人的错，没有伯乐赏识自己。先以超低姿态寻求认同，入职后故态复萌，毫无团队意识。当一个人可以放弃自己的基本尊严时，也意味着他心中并无敬畏。这类求职者很可能在任何公司的面试中都不会走得很远。

"跪舔葩"的另一个极端是"高冷葩"。那些如女王、男神般高冷的奇葩，在职场上也不怎么受待见。

有一次，我们面试一个没有任何工作经验的年轻海归女孩，她一进房间，那气场，像极了穿Prada的女魔头。虽然我对名牌不怎么感冒，但还是一眼就看到了那闪瞎人眼的双C等大牌logo，她恨不得把它们写在脸上。那时我在想，她这么做也许是非常重视这次面试，希望给面试官留下好印象。

但她一开口，我仅存的期待荡然无存。她有气无力，用她自认高贵的语调，说着中英夹杂的自我介绍，好像是来视察我们工作的"女王"，有那么一刻我都怀疑自己是不是坐错了位置。面试到最后，她很不耐烦地催促我们抓紧时间，因为还有另一个面试在等着她去"视察"。我们也很识趣地送走了"女王大人"，祝愿她在其他地方能面试顺利。

最近，这种有“王”的气质的面试者似乎越来越多，大家都有一种“此处不留爷，自有留爷处”的霸气和豪情。

做面试官时，我用来考察一个人整体水平的问题是：“你为什么离开上一份工作？”很多人手足无措，也有人会信口开河。最低端的表现是对上一个公司的领导、同事诸多抱怨，甚至连扫厕所的大妈都吐槽一番。这个答案低端是因为很有可能他会在五六个月后把同样的一番话说给下一个面试官听，这种极度自大的求职者是没有庙可以容下的。还有的人知道这个问题是一个坑，于是含糊其词，不正面回答，但这可能会让面试官觉得你不够坦诚。

这个问题有标准答案或者说最优的答案吗？其实没有。但如果我是面试者，我会这样回答：之前公司的整体愿景与我个人的愿景有些许差异。就好比在谈了一段时间恋爱后最终分手，原因是两个人想象的未来不一样。双方都没有错，只是和平分手而已。

这道题考查的是你心智是否成熟。对过往的经历，哪怕是不怎么愉快的经历，你需要做到不能贬低，也不能毫无交代。

“如果你对上司的做法有异议，你还会认真完成他交代给你的工作吗？”这个问题我常用来考查被试者的执行力。执行力是我最看重的一项职业素质。

在职场上，百分百的执行力是获得竞争力和话语权的资本。眼高手低是大部分职场新人的通病。我曾经遇到一类下属，在面试时通情达理、对答如流，但进入到实际工作阶段，布置任务时，他们总是习惯性地反驳上司的决定或者强调客观困难。员工不是不可以对工作有所建议，但很多时候，上司并不是你想象中那么短视，只是他的很多决定无须向你解释来龙去脉罢了。

《致加西亚的信》中，一名年轻的军官被上司要求把一封信交给加西亚，但没给出任何理由，也没告诉他加西亚是谁。年轻人经历了千辛万苦，最终终于完成了任务。而最后这封信的内容和这项任务的意义本身已经不重要了，年轻人的这份无条件的执行力，让他获得了更大的发展空间。

第二个职场必备素质是沟通能力。

有新同事曾经向我抱怨，备课阶段就像炼狱一般痛苦。假设一分钟要讲 120 个字，1 小时要准备接近 8000 字的逐字稿，新教师上岗要写至少 20 小时容量的逐字稿。全部文字量大概在 16 万字，一般要写 2 个月，每天还要反复修改。猛一看确实工作量很大，但并不是没有诀窍，很多前人走过的弯路完全可以避免。职场新人应该学会主动寻找帮助，备课没有思路时完全可以和同事沟通，向上级请教，闭门造车只会费时费劲还不讨好。

我看重的第三个能力是自省力，这其实是一种学习能力。一个人只有看到自己的不足，才会去学习去成长。很多人总认为自己天下第一，怀才不遇，错误都在他人。这种人，基本就只能原地踏步了。

有一年面试时，遇到一个求职者 L 老师。如果没人告诉我 ta 是女生，真的看不出。大部分人的意见是她的外形不太适合当中学老师。

教师面试的流程是一轮笔试加三轮面试，第二轮面试要试讲。她的试讲表现并不出众，但是当天晚上我收到了她的邮件，那封邮件里不仅详细地分析了自己讲课的问题，还将其他 49 个试讲人身上的优点一一记录了下来。之前我面试过的几百人里，从来没人做过这件事。

虽然她不是最优秀的，但是能够意识到自身局限并愿意为之改变，这让我看到了她自我提升的可能性，因此我给了她这次机会。

工作后，每一周她都主动给我发邮件总结当周的工作心得。一封封邮件看下来，她在一点点进步。在那年的老师评分中，她排名第一，成为了一名学生喜欢、领导认可的优秀老师。

如果一个人的基本能力从履历当中能看出来，那么，面试就是考验那些看不到的部分。

# 为自己扪心问诊

和中国的公司不同，大部分外国知名公司的名字就是公司创始人的名字，比如迪士尼、惠普、宝洁……

这背后的隐喻是，公司就是创始人意志的体现。一个公司就像一个人一样，由各个部门组成，研发、生产、销售、后勤……如果公司出问题了，老板会立刻去看是哪个部门运作不好，是因为研发部门研发的产品与客户需求不符影响了整个公司，还是后期的销售与运营出了问题。

一个人的发展，也包括了专业知识、工作技能、人际关系各方面因素，如果在工作中遇到了挫折，也应该像把脉公司一样，去探寻病因。

说来惭愧，到目前为止，我只在新东方这一家公司工作过，但已经有了两次被开除的经历。幼稚也罢，可笑也罢，如今再把那些事拿出来当作现实抽向自己的一记耳光，感觉也很酸爽。

2008 年，我在新东方经历了三个月魔鬼般的培训，但最后还是接到通知，上岗名单里没有我。那种沉到谷底的感觉，就像大学时不断被女生拒绝惨到想自杀的那种心理状态。

2009年再败再战，到了暑假，我总算开始在新东方第一次带课。给调皮捣蛋的学生讲课很痛苦，但比这更痛苦的是面对那些丝毫没反应的学生，我们把这种叫“僵尸班”。无论你如何使尽浑身解数，他们总是摆出一副要死的表情，可能是轻蔑、无视、悔恨、痛苦的结合体。每当我想放弃的时候，就想起受训时被老教师各种骂的场景，心想，这点事还扛不过来吗?

好在，短暂的磨合期过后，我和同学们真真正正地打成了一片，几乎每次下课，大家都用掌声感谢我。

这个时候我又开始犯傻了，中午老师们一起吃饭，我大声说:“我们班学生可棒了，各种大声鼓掌，你们班是不是也这样啊? 我觉得学生们太可爱了，我太喜欢‘酷学酷玩’这个项目了。”

当时我只是很单纯地想和大家分享我的喜悦，没意识到我的行为在别人眼里却很傻，更关键的是其他班里的学生并没有这么配合，甚至有些僵化。

带了两期课程，不需要那么多老师时，我就光荣下岗了。学生对我的打分很高，没想到还是有人对我说:“艾力，你可以回家了。”

又是一次晴天霹雳，如果说第一次培训没通过算被开除，那这就是第二次了。我非常懊恼，一点也想不出自己哪里做错了。我甚至想过，自己被开除的原因是曾经借过领导的一条毛巾忘记还他了，赶紧说:“领导，我还你毛巾。”领导顿时无语，聊了半天，我也没听进去，心里想的全是:“怎么能这样呢，我们这不是一个靠能力的社会吗，不是不搞关系吗？我来新东方就是希望纯洁地活着。”

这个时候，我知道“我”这家公司出了问题，却不知道问题出在哪里。为自己把脉，找到病因，往往是最难的。有时候，可能通过自己冷静分析就能找到原因。更多时候，却可能需要通过别人，才能更清楚地看到自己的问题。

领导知道，同事知道，但他们未必愿意告诉你。

我做了件看上去很傻，但很有必要的一件事——几乎给身边所有认识的人打电话，问一下大家对我的想法和建议。这也是个情商很低的行为，毕竟当你打电话给朋友说：“告诉我，我哪里有问题？哪些地方需要改进？”对方碍于情面，恐怕很难完全说出内心的想法。但有时候，真正的朋友，也会诚挚地告诉你的问题所在，帮助你成长进步。

那一次，我从朋友那里并没有找到适合的答案。

失去工作的我，在假期参加了北大和日本合作的国际游学项目。在新的环境下，我很快恢复了活力，和来自世界各地的名校学生们打成一片。有一次，我和几个来自英国、乌克兰的朋友约好晚上去涩谷吃饭。从7点等到9点多，饿得前胸贴后背，两个老外姗姗来迟，他们看到我们几个郁闷的样子，还很不解地问：“为什么要生气，Be happy就可以了啊，那么认真干吗？”

看着他们完全不知错，不知道自己影响了别人的样子，我想到了那个大声夸自己班学生，而不顾其他老师感受的自己，以及很多类似时候的自己。

当我发现了自己的病因所在之后，开始阅读很多相关的书籍，最有启发的一本是《智慧书》。

“不要让事物等到不可挽回的时候才开始采取行动，这是智者的行事谏言。”

“别人认为你有多大价值，你就有多大价值，只有赢得别人的心和好感，他们才会褒奖你。”

我开始真正意识到，那个曾经自恃专业能力强，教课受学生喜欢就无所顾忌的自己有太多需要改进的地方：人应该适时闭嘴，在合适的时候说合适的话；始终应该保持低调，再有成绩也不该急着去展示。

后来，我“死皮赖脸”重新抓住了机会，回到团队，还成为了最年轻的集团演讲师，但这些教科书般的失败经历，每个人都有可能遇到。

在职场上，情商有时候可能比工作能力更重要。

再后来我开始管理老师时，也会遇到一些情商低的员工。他们总会抱怨自己能力强为什么不受重用。我会告诉他们：也许你专业能力很强，但团队中需要真正能做贡献的人，不需要影响大家情绪的人。你自己很开心，别人很痛苦。即使你可以提升业绩，却是团队负能量的来源，这决定了你不会成为团队的核心，自然无法获得晋升机会，甚至不被开除就不错了。

下一次，当你觉得自己牛到无以复加，觉得除了自己别人都是傻瓜的时候，也许你才是那个傻瓜中的战斗机。

# 投资未来最好的自己

俞敏洪老师曾经给我讲过这样一个故事：

你有 6 个苹果，你留下 1 个，把另外 5 个给别人吃。当你给别人吃的时候，你并不知道别人能还给你什么，但是你一定要给。因为别人吃了你的那个苹果以后，当他有了橘子，一定会给你 1 个，因为他记得你曾经给过他 1 个苹果。最后，你得到的水果总量可能不会增加，还是 6 个水果，但是你的生命的丰富性会成倍增加，你看到了 6 种不同颜色的水果，吃到了 6 种不同的味道，更重要的是你学会了在 6 个人之间进行人与人最重要的精神、思想、物质的交换。

这是我很喜欢的一个故事，它不仅告诉了我要学会与人分享，也在告诉我要学会真正的投资。

坐飞机或高铁出差时，偶尔无聊，我会翻一下放在座位上的杂志。封面通常是一些大品牌的衣服饰品，由帅哥美女穿着戴着，散发出一种优雅、时尚、迷人的气息。杂志内页则是一些讲述住豪宅、打高尔夫、开超跑、骑马这样时尚生活的软广告。一切的内容都在传递这样一个讯息——只要你拥有了一个数万元的包、几百万的车、一套上千万的别墅，你就是人生赢家。

很多人喜欢把自己的时间和金钱投资到物质中，又把自己的幸福、快乐建立在与他人的比较中。

于是，我们的物质取决于我们邻居的物质，我们的幸福也取决于我们邻居的物质。

如果身边的同事开10万的车，我开着15万的车，我就感到幸福；如果身边的闺密用的是爱马仕包，我却用着Coach包，我就会感到不开心。

攀比就这样开始了，你买了Prada，我就要买Gucci，于是你又买了LV，我再去买爱马仕。

幸福呼啸而过，我们却在物质的道路上越走越远。

购物时毫不吝啬，投资未来却又绝对小气。上万块的衣服和首饰，咬咬牙，也就心花怒放地买了，一杯星巴克，随手买来也不心疼，而一本几十元的书，却左衡量右比较，最后在网上花了半天下载了个免费电子版，打开一看，错误百出，不堪卒读。

这样的投资方式，让我们的人生价值随着时间的流逝，越来越贬值。

作为新东方的老师，我的收入并不算低。但现在穿的球鞋还是考上北大后妈妈送的礼物。电脑是父亲的遗物，用了8年，之前出了点问题，换了硬盘后仍能正常使用。天天背的双肩包是开会时主办方送的嘉宾礼品。

衬衣100多元，西服两三百块，今年春天为了录制央视的节目，我花了1200元，买了我有生以来最贵的一套西服。

也许这看起来有些节俭得不可思议，但在有些地方，我却决不吝啬。

为了科学高效地健身，每周5次锻炼我都会请私教，每小时280元，每周5小时。为了在30岁之前熟练掌握五门外语，过去一年我请了一位西班牙语老师进行一对一教学，一周学2次，每次2小时，每小时300元学费。送妈妈和妹妹去旅行，无论去哪里，只要她们想去，我都愿意支持。每年给酷艾英语早起团、读书团、健身团的同学送礼物，我都开心地选、开心地买。

女作家李欣频说，自己每个月都会固定和音乐家、建筑师、杂志主编、网络工程师等各个不同领域的人相约聊天，因为这些人在自己的领域活得很有创意的同时，看待世界的方式也非常与众不同，再加上彼此谈得很深入，触及了精神领域的核心层次，那种碰撞真的是非常过瘾，就像站在自己的山峰上，看着眼前这么多的山头都如此独特精彩。

每周我也会请3个不同领域的朋友吃饭。少说多听，听他们聊自己领域的新生事物，问一些我不懂的问题。一顿饭下来，扩展了思维，引发很多跨界思考。我和《有道词典》《暗黑破坏神3》的跨界合作就由此而来。这就是我的投资方式。

我并不是单纯地反物质，像《瓦尔登湖》中所说，我反对的是那种把改善物质条件当成人生最高，甚至唯一目标的做法："我不想浪费时间去谋取华美的地毯或者其他高级的家具，或者佳肴美食，或者希腊式、哥特式的房子。如果有人能够不费吹灰之力就获得这些东西，并且获得后知道合理使用它们，那么我也并不反对他们的追求。”

最好的投资是投资自己，最聪明的投资是投资未来。

我的一位朋友工作 4 年后略有一些积蓄。她可以用这笔钱每年进行轻松的海外旅行，也可以用这笔钱多买些名牌衣服和首饰。但最后她付了首付，买下一套公寓。

我问她：“这样会不会降低了生活品质，无法尽情享受生活，更没有足够的钱来投资自己？”

她给我算了一笔账：“首先，每月的房贷只占我月收入的小部分。我改掉每天上班路上去咖啡馆顺手买一杯 COSTA 的习惯，而选择自己在家煮咖啡；买衣服的时候，不过分讲究名牌而更看重衣服的品质。这两项省下的钱足够我还贷，我的生活质量也并不因此下降。其次，我了解自己的生活习惯，如果不强迫自己把钱花在房子、车子这些大宗消费上，很容易就在吃喝玩乐中挥霍掉了。买房后，有了更努力工作的动力，我也更主动地寻找机会。去年，朋友介绍了一份兼职，我的收入更多了，也让我更有能力投资自己，练瑜伽、学弹琴，和朋友出行，在这些方面的花销上，我反而更自在了。”

她笑了笑说，如果当初自己没有做出买房的决定，恐怕现在也还是一个月光女神。

CHAPTER 03 /

# 追求卓越，成功就会在不经意间追上你

很多人在黎明前一刻认输，

只有那些从黑暗中穿行而过的人，

最后才获得真正的成功。

# 潜力股还是垃圾股？

自弗洛伊德、海明威分别提出了“冰山理论”“冰山原则”后，这一理论被广泛运用到各个领域。现代脑科学的研究证实，人的大脑具有巨大的潜力。而我们大部分人大脑的开发只达到了10%。而很多人对这10%的利用也都并不充分。

电视节目《最强大脑》里曾经来过一位日本选手——原口证，他在某天做了一个梦，这个梦和一串数字联系在一起，这串数字就是圆周率。他发现毫无逻辑的圆周率数字，其实是一个个精彩的小故事。于是，他从39岁开始以自己的方式背诵圆周率。后来，原口证先生根据圆周率数字写出了700多个小故事，也成功地背诵圆周率到小数点后10万位。看到这期节目的时候，我深深为每个人身上所蕴藏的潜力而感到震撼。

英语中有个单词叫“discover”，中文意思是“发现”，cover是盖住，dis是掀开。潜力要被发现，就得被揭开。

未被转化为现实的潜力不值一提。

无数有潜力的人，在没有完全绽放时，就被潜力这个词毁得差不多了。我身边就有很多被誉为“极有潜力，但没充分发挥出实力”的人。

在北大读书时，大一一入校就知道我们年级有位师兄是传奇般的存在。这哥们当年以该县状元的身份考到北大，在当地引起了不小的轰动。人们对他前呼后拥，像欢送英雄一样给他举行庆祝仪式，还发了不少奖金。然而，来到北大后，由于习惯了高中时的填鸭式教育，他无法真正拥抱北大的自由气氛，这气氛就是——爱怎样就怎样，平时不管你，但只要挂科超过一定数量就得滚。

开学后不久，他几乎是报复性地天天到北大南门那个我也曾奋战过的网吧里报到，把能玩的游戏全都玩了一遍。就这样，一年的时间浑浑噩噩过去，把一年学费和时间也都交给了网吧。大一还没结束，他就因为挂科太多而被劝退回家。当时大家以为这哥们从此也就告别北大了。

意想不到的是，他回家后重新适应应试教育，在狼爸虎妈的逼迫下发奋努力，一年后又以当地状元的身份回到北大。你也许会想，他这次总会痛改前非了吧，但他的传奇之处就在于，这哥们居然又重蹈覆辙，回到了网吧的怀抱。于是他戏剧般地第二次被北大劝退。

电影电视剧里的主角无论经历怎样的磨难总没那么容易死去。这位充满传奇色彩的人物，在我上大学那年，他第三次以状元的身份考回北大，我真的不知道该敬佩还是鄙夷他。将近四年的时间，他就在考学—颓废—

劝退—复读—考学—颓废的循环中度过，也是蛮拼的。后来有人说，他们县的高考状元会拿到10万元奖金，我们才恍然大悟：这家伙原来已经找到了工作，平均年薪5万。当然，这只是句玩笑话，以他的天资和潜力，本可以拿到五倍、十倍，甚至百倍、千倍的收入，他却将人生最宝贵的4年就这样轻而易举地浪费掉了。

生活中很多人的真实写照是：心有猛虎，一事无成。究其原因，很多时候是因为动力不足，潜力还没被开发，就在得过且过的生活中，渐渐枯竭。

有句经典台词大家都知道："人都是被逼出来的，不逼自己一把，你永远都不知道自己有多优秀。"当前路暗淡时，我们往往会选择破釜沉舟绽放出自己的光芒。这就是为什么大部分人都在高中时期达到自己人生的最好状态，上知天文下知地理还会做数学题，学什么都高效。到了大学里、职场上，没有人像高中时的班主任、家长那样逼你了，没有誓死要考上理想中的大学这个强有力的目标了，我们就越来越少地将潜力转化为实力了。

我始终觉得，在走上社会以后，有人逼是一种幸福。真正关心、爱护你的人，自然对你有所期待，有期待就有要求。无数男人都是被自己的老婆逼出了事业，像大家熟知的俞敏洪老师、李安导演。无数下属都是被自己领导逼上了前线，或者干脆被逼走，另立门户，也能实现自我价值。

你不先对自己狠心，全世界就会对你狠心。

没有人逼，你可以自己对自己下狠心，自断后路。我就有过这样的经历。

几年前，一直给学生口头励志的我想，为什么不能身体力行，用实际的行动给学生做表率。于是，我在微博上发消息说要在 49 天内练出 6 块腹肌，如果在规定时间内达不到，就给每个转发那条微博的人充 100 块话费。不知道该开心还是该难过，那条微博被转发了 3700 次，这意味着，如果达不成目标我有可能要付出 37 万元。

将自己的目标暴露在所有人的视线中，而且许下了那样的承诺，我没有给自己留任何后路。一个男人最重要的是自己的名誉，为了实现承诺我只能拼了。酷爱吃大盘鸡的我两个月里没有碰过一次；晚上锻炼身体回到家筋疲力竭时，闻着路边饭馆牛肉拉面的香味，产生了进去不吃面条，只喝一碗热汤的冲动，可最后，连口热汤都没允许自己喝，怕自己忍不住诱惑。出差坐火车，所有人看着我在过道没有人经过时做仰卧起坐和俯卧撑，他们肯定觉得这家伙有病。讲座的间隙，我也会找地方稍微锻炼一下，大家都觉得这哥们已经无药可救。

但是，当第 49 天来临，我展现出 6 块腹肌的健身效果时，真正带给我快感的不是别人的赞美，而是对自己的认可——我做到了，征服了自己的惰性。这种“逼自己”的精神与其说是决绝，不如说是对自己的负责。

对每个人来说，当你展现出真正的实力，不再活在虚妄中的那一刻，才是值得骄傲和自我肯定的。

如果你想要获得某种成功，先自问：你敢逼自己一把吗？

# 迷路后的第一生存法则

假如你在占地700万平方公里的亚马孙热带雨林中迷路了，你会选择怎样的方式求生?

我想大多数人都会这样做：因为拼命想逃出生天，所以寻找一切可以吃喝的东西维持生命，同时不断地寻找出路，以此回到正常的世界中。甚至你会模仿Discovery频道NO.1户外生存大师贝尔·格里尔斯去寻找可以吃的野生生物，尽可能让自己多坚持一些时间。

如果你真的这么做的话，恭喜你，你有可能很快就要和这个世界说再见了。在亚马孙雨林里迷路的第一生存法则就是：尽量待在原地，不要乱跑。

我之所以敢这么说，是因为这几句话不是来自书本，而是在这片雨林里当了二十多年专业导游的当地朋友告诉我的。去年有机会去那里探险时，我的导游Nigel就讲过他朋友历险的故事。

他的这位朋友也是位资深的专业导游，带着十几个人，不小心找不到回去的路。做好一些必要的防护和安全准备后，他让游客们在一棵树下等待，自己独自出发寻找出路。遗憾的是，他所带的游客由于一直在原地等待，不到两天就被搜救队找到了，而他本人虽然有丰富的经验，还是迷失了两周，最后总算捡了一条命回来。但从此他便患上了抑郁症，不敢走近雨林，永远地告别了曾经深爱的地方，也结束了导游生涯。原因很简单，在偌大的雨林里迷路，要想依靠自己单人的力量找到出路，即使你是一个很资深的导游，成功的几率也不如努力发出求救信号、等待专业的援救大。

电影、鸡汤、歌曲里都会告诉我们“爱拼才会赢”，我们也会觉得那些敢于拼搏、一直努力的人，一定会成功。但其实往往并不是这样的。有时候，拼得越狠，只会让你死得越惨。作为老师，我最害怕的就是无脑的鸡汤，它告诉你：“只要够努力，你就会成为马云，成为比尔·盖茨，成为巴菲特。”每次看到这种传销式的演讲，我都恨不得走上前去用胶条把他的嘴封起来。演讲者自己肯定不会那样做，而那些言论毒害的大多是年轻人，他们常常以此作为名言警句，不断激励自己努力、努力、再努力，并坚信，自己还没有成功，一定是因为不够努力。当然，我不是教人不努力，直接放弃，原地等死。而是说比起努力，更重要的还有方向、方法。通过这些年的学习与成长，我得到这样一个成功方程式：

**成功 = 方向 × 方法 × 努力**

在这个公式里，方向的取值是 -1 ～ 1，因此，如果方向不对，我们越努力，可能得到的是越失败的结果。方法的取值是 0 ～ 10，方法不对，即使我们的方向对了，也努力了，我们也很难获得真正的成功，好的方法可以让你事半功倍，坏的方法则会事倍功半。努力程度的取值是 0~10，在正确的方向、好的方法的基础上，自然越努力，收获的成功越大。而根据这三者的情况不同，成功的结果会介于 -100 ～ 100 之间。

在雨林里获救的人正是碰巧运用了正确的方向与方法，因此即使不用怎么努力，也最终成功获救。而导游的朋友，虽然很努力，但方向与方法错了，反而耽误了自己早点获救。在生活中，职场中的佼佼者也是一样，真正的成功者，必须是方向、方法、努力三者合一的人，不然也难以真正摸到成功的大门。

高中时，我的一个女同学是出了名的“笔记小公主”，她是全校师生公认的记笔记最认真的人。本来就很厚的练习册，等她做完笔记之后，还会厚两倍，是典型的把书越读越厚的学生。练习册上贴满了小纸条，上面是老师说过的那道题的解法和思路。上课，总是埋头奋笔疾书；下课，就借同学的笔记，全部整理后添到自己的笔记中。她学习是那么用功，成绩却总是非常稳定地排在年级35名，倒数，而我们全年级有一千一百多个人。她的这份努力和完全不成正比的成绩让人纳闷，说好的天道酬勤呢？

我后来观察到，她记笔记几乎从来不过大脑，只是机械性地在抄。又有完美主义倾向，希望把所有能抄的东西都抄下来，但这种抄写却没法帮助她提高理解能力。成绩上不去，也可以理解了。真正的做笔记应该是过大脑的，列出的是问题而非答案本身。这也是大部分人们会犯的错误，都以为努力就是一切，却不懂得没有方向、方法的努力只是另外一种形式的懒惰。因为，寻找方向与方法需要我们付出更多的努力，投入更多的智慧。当然，这种付出也会获得更物有所值的回报。正确的方向与方法，它可能源于某位老师、榜样，也可能源于自己常年累积的经验和判断。有了正确的方向与方法，努力就会成为助推剂，让我们向成功挺近。

英语在当下的重要性，早已毋庸置疑。但是有很多很多的人不能真正学好英语，从小学到高中，12年的英语教育，造成了中国特色的英语现象——哑巴英语，绝大多人能够在考试中得到一个好的分数，却不能把英语变成真正可用的语言，真正的交流工具。

作为一个口语老师，我一直在想，有那么多同学学习了那么多年，为什么还是无法张口说英语。很多人甚至专门上口语课，报了很多班，做了很多题，却还是死活张不开嘴。在我看来，学习口语就像学游泳。学游泳的第一步，有人认为是憋气，有人认为是平衡，甚至有人说是脱衣服，这想法太有喜感。但这些其实都不是最重要的。对游泳来说，真正最关键的第一步其实是下水，克服对水的恐惧。假设你为了学习游泳报了一个班，听老师讲游泳的各种知识和姿势，甚至回家做游泳的练习题“五年游泳，三年模拟”，然后再写游泳论文《论游泳对身体的好处》。最后你拿着模拟满分的卷子给妈妈说：看我游泳课拿了一百分。妈妈会说：“儿子真棒，游一个。”你只能说：“不会，只会在地板上游。”

这例子看起来荒谬，却是大部分中国学习者练口语的方法——不下水。在学习语言时，下水就是开口说。练口语这件事，最重要的不是音标，不是单词，而是开口，每天半小时朗读或者跟读，坚持半年都会有所提升。对于英语口语的学习来说，知道了这一点，就等于知道了正确的学习方向。

知道了方向后，我们就能进一步寻找学习口语的方法。通过多年的学习实践与教学，我总结了练好口语的三个方法。

第一个是 ETS 和老外朋友推荐的方法，就是找外国朋友聊天。最好是来自美国、英国、加拿大、新西兰等国家的朋友，你找个印度朋友去练也可以，只是可能发音有点不太正常。找老外练习的好处就不多说了，缺点是，资源比较有限，身边未必有那么多老外，有的老外要收费才陪你练习，有的老外又只会自说自话生生地把语言交流变成了听力练习。

第二个方法是和朋友练，建立英语角也罢，和舍友练习也罢。两个中国人一起讲口语能提高吗？绝对可以，而且提高很快。大家发现和老外讲口语的时候，总是在听对方说的内容，而和中国人讲的时候，总是在听对方的语法错误，所以提高得更快一些。这个方法也很好，但是有很多附加条件，其他人可能会投来鄙视的目光，要有强大的心理素质。

第三个方法，也是我能做到英语表达流利，能说 5 种语言的方法，就是找一个人能 24 小时陪着你，时刻了解你，倾听你说话。没错，这个人就是你自己。要学会自己和自己交流，自己和自己说英语。这其实也不是我发明的，大部分在非母语条件下能把英语练好的人，都会这么做。

什么时候自己和自己说呢？自己一个人的时候。一般人从早到晚有一个人的时间吗？现代人出现了独处恐惧症，我们总想找个人陪，甚至吃饭、上厕所都要找人陪。这里说的“独处”不仅仅是指物理上，精神上也需要独处。年轻人总离不开手机，随时刷社交网络，想了解别人的状态，导致灵魂出现了分裂状态。似乎身在此处，心灵却不知道云游到了何方。就像电影《帕丁顿熊》中所说的：“我们认为天花板下面的地方就是家，可是身体来了，心灵未到。”戒掉手机、网络，每天独处半小时，跟自己说说英语，保证半年之后，你的口语棒棒哒！

找对了方向与方法，我们就会发现要成功地做好一件事，其实很简单。因为最困难的部分已经被我们解决了。

成功=方向×方法×努力，这个成功方程式看起来很简单，甚至还有些山寨，但它的作用却是巨大的。有时候，我会在这个公式的右边填上自己的方向、方法、努力的各项数值，推测自己在一件事上的成功率。有时我会在公式的左边填上一件事的结果值，反推自己是在方向、方法、努力的哪一个环节上出了问题，来帮助自己找到问题所在。不断地总结，不断地反省，才让我有了一些成绩。

我希望，正在读这本书的你，也能把这个公式用到自己的工作、学习、生活中，用到自己用心经营的每一件事上，让它成为你人生中一个不可或缺的罗盘，帮助你寻找正确的方向、好的方法，不断努力，找到那条属于你的成功之路。

# 要想不可替代，就要无可取代

从小学一年级开始，我获得的最多的一类奖状就是“三好学生”。一年级到四年级每次都获得这个奖励。不难想象，在四年级下学期意外落败时，我哭得昏天暗地，觉得世界末日到来了。

现在想想当时自己真是傻得要命，为什么那么在乎一个所谓的荣誉。可是在一个小孩子的世界里，受到同学羡慕、老师表扬的满足感和虚荣心就是那样重要。

“三好学生”本身就是悖论，这个“三”是虚数，指的是各方面都好——我们的教育一直强调要全面发展，综合提高，要做一个每个方面都优秀的人。可事实是，样样都会的背后是样样稀松，杂家也意味着很难成为某方面的专家。全面发展的代价通常不是全面优秀而是全面平庸，这个世界上，真正出彩的往往是那些有一技之长的人。

全中国的三好学生有太多，但辍学写书能影响到一代人的韩寒却不多。每年毕业于导演专业的优秀人才很多，非专业出身拍电影却能获得数亿票房的郭敬明却很少。可悲的是，家长和教育者总是希望我们能达到全面的完美。这样的人，走上社会以后却常常会发现，自己的竞争力在逐渐消失。社会上有两种人才，一种是了解所有事情的一些，一种是了解一些事情的所有。那些在第一层次的基础上又能兼具第二层次的人，通常都成为了人人仰止的专家或者某领域的翘楚，到哪里都会成为组织需要而不是跪求组织的人。

自媒体脱口秀《罗辑思维》的主持人罗振宇，曾经是央视《经济与法》《对话》等节目的制片人。从央视出来的他，一直强调 U 盘化生存的概念，即个人不依附于任何组织，基于兴趣，打磨专能，可以与其他人进行时时协作，在市场中找到个人定价，即“自带信息，不装系统，随时插拔，自由协作”。他让我了解到，一个人即使没有组织，即使靠自己的“手工作坊”也能做大做强，互联网时代强调的就是这种 U 盘式的核心竞争力。

和罗振宇的交流还有段有趣的故事。2014 年 5 月，他来北大做讲座，我早早来到礼堂里等待。这位对我来说是大叔级的人物，一个半小时的演讲逻辑清晰、思维缜密，整个演讲浑然天成，让我佩服不已。我并不希望成为他的脑残粉，在最后的提问环节，当大多数人提出的问题是“罗老师我可以和你合影吗”“罗老师，我可以请你签名吗”时，我问了三个自认为深刻的问题。

“第一，罗振宇老师，今天你看到这么多人出现，对您这么崇拜。您一直强调要做有独立人格的人，要不被他人所左右或左右他人，不随意盲从。但是今天您又发现了现场有这么多人对您疯狂地崇拜，您的感想如何？

“第二，罗老师，您刚才讲到当今社会读书是没用的，书籍作为一个信息的媒介已经被其他更有趣的媒体，比如网络、视频等所取代了，读书是比较低效的获取信息的行为。要是按您所说，从信息获取层面来讲，读书确实不是最高效的方式，但对于锻炼一个人的大脑，让他有批判性思维是至关重要的。书读得越多，人就会越加理智。您讲的读书无用论是不是有些偏颇？

“第三，您一直强调小组织、个人小作坊的成功。又说要把《罗辑思维》这个品牌做十年。小组织往往做到最后要么消失，要么变成大组织。您现在反对大组织的企业，那十年后，《罗辑思维》会怎样？会不会成为您所讨厌的那种东西？”

这三个问题，可能是当时现场最复杂的三个问题，这也是我之后获得机会和罗振宇以及他的团队结缘并有所交流的原因。他的回答也让我印象深刻。

对第一个问题，罗振宇表明自己是超级自由主义者，现场来多少人，无所谓。大家因为喜欢本人还是思想都无所谓，只要人能来聚到一起，是一个好的聚会就令人开心。至于崇拜与否，他已经独立到不在乎听众的内心，只关注行为。第二个，他当时说，我的理解可能有所偏差，他还是像知识分子一样，不会完全否定，表示“君子和而不同”。第三个问题的答案更有趣：一切将发生的事既然都必会发生，那么，让一切慢慢来就好。

这三个问题我是鼓足了勇气提出的，能和自己佩服的人有思想交锋也是有意义的事。我的核心竞争力大概就是这种不知畏惧，能在公众面前表达自己思想的能力。

就读于乌鲁木齐最优秀的高中，考入了北京大学，我似乎是很多人眼中的学霸。但在人才济济的大学和职场上，单凭会读书、记忆力强、能考高分并不能让我脱颖而出。初中阶段，我几乎报名参加了能参加的所有比赛，数学、物理、化学竞赛，都是一败涂地，到后来负责报名的老师看到我都叹气。屡战屡败之后是屡败屡战的韧性，我继续参加了航模比赛，甚至模特大赛都想尝试，尽管那时我是体重180斤的并不萌萌的小胖子。有一类比赛我总能名列前茅，那就是演讲类的比赛，特别是英语演讲比赛。挑战自我，不断试错，如果成功，证明你有天赋，就把它发挥到极致。落败，也给自己省了时间，换条路走。胜固欣然败亦喜。

这让我能够成为新东方的一名集团讲师，把自己的知识、能力都教给学生，帮助他们成长；也让我敢于去参加《超级演说家》《奇葩说》等节目，把自己的经验、思想、感悟分享给更多的人。我想这可以算是我的核心竞争力，可以让我无论在新东方还是在电视节目上，都能找到自己的一席之地。但这种竞争力并不是与生俱来，或者是短时间习得的。而是通过自己的不断试错，发现自己的可能性，然后又不断地努力、练习，才有了最终站在舞台上的一刻。

在职场上，一个人一旦形成了自己的核心竞争力，就能把战场开辟到更广阔的地方。

如果想寻找到自己的核心竞争力，可以借助的工具有很多。我认为最科学的是“盖洛普优势识别器”，它是在充分的数据支持与统计学原理上获得的。我用这个识别器测试后，发现自己的五大优势分别为：回顾、竞争、沟通、自信和战略。其中，测试结果告诉我，我特别适合做“一对多”的沟通，说明我适合演讲和主持等，我说你听，讲得会比较到位。而与此相对的，“一对一”是互相听说，让对方说出心里话，这就不是我所擅长的了。就好像生活中我给现场的一万听众演讲，一小时之后，大部分可能会喜欢我。如果我跟十个人一对一进行谈话，一小时下来，可能八个人听了烦得想跑。

要想获得成功，我们要尽全力发挥优势，也就是让核心竞争力增强。而那些自己不擅长的领域，只要不对个人发展造成阻碍就好。

在组织和企业中，如果你只是重大机器里的一个小螺丝钉，没有无可取代的竞争力，被那些更便宜、更新、更有竞争力的螺丝替代，只是早晚的事。即使在不被认可的蘑菇期，也要有自驱力。

要想不可替代，就要无可取代。

# 最好的社交是做好自己

魏晋名士殷浩曾经说，原来努力奋斗觉得是在“与世周旋”，后来才发现，人生要解决的问题是“我与我周旋”。

很多人进入社会后，最看重的一个词就是“人脉”，为了获得所谓的“人脉”，即使是无效社交也趋之若鹜。

在一档职场招聘节目中，一个外表俊朗的小伙子对BOSS团的老总们说，自己人脉极广，认识董明珠等知名企业家。

看到他的学历和履历，很多老板对这些话产生了怀疑。毕竟，以他所处的位置和在场上的表现而言，似乎很难获得这些重量级老板的青睐。

“我可以现场拨打这些企业家的电话。”为了自证清白，小伙子主动提议。

一个又一个电话拨通了，但一直无人接听。

“这说明你只是在某个场合经过别人引荐要了名人的电话，可人家对你没印象，根本就没存你的电话。”一位老板直言不讳。

小伙子依然解释说，自己确实被朋友带去出席过某些高端场合，和这些老总进行了亲切友好的交谈。

这不能说是谎言。

在公众场合遇到陌生人搭讪时，名人们通常会保持礼貌、耐心甚至友善的态度，但这完全不能代表你们已经成为了朋友。

我的一位文化记者朋友，经常自嘲说：“也许上午在会所里听易中天谈文化，下午去昆仑饭店一边采访海岩一边喝下午茶，晚上和白先勇聊昆曲之美。但我很明白，自己并非他们圈子中的一员。回归生活，还是得靠认真地工作，日复一日地完成稿件来证明自己的实力。当你自身见识和能力有限时，不要指望和更高层次的人能有真正的友谊和对话。”

许多人都会说，中国就是个关系社会，做人比做事更重要。

于是，很多人把业余甚至工作时间都用来关注别人，忙于应酬——记住这个领导的生日，那个上司的喜好。即使逢年过节的假期，也不忘时刻打开朋友圈给领导点赞问好。心思都花在别人身上，而不是着眼于自己的硬实力。

负责新东方面试工作时，我也遇到过一些年龄大、资历深的老师来应聘，他们的观点是：“我在这个领域已经做了 10 年，有丰富的经验可以胜任工作，甚至可以直接给我领导岗。”经过一番面试，我却发现他们的教学能力远不如一些能拼会学的年轻老师。

一项工作，每天做10小时，连续做10年，如果不具备核心竞争力和过人之处，其实和只做了1年的新人没有什么不同。简单的重复并不代表优秀。时刻做好准备，迎接未来的挑战和机会才是真的优秀。

在学校里，只是简单的学习与考试。在社会上，你则要独自经历一个个未知的挑战和难题，为了克服它们，必须不断前行。

7点起床赶地铁，匆匆带着煎饼果子来到单位打卡上班。午休一个半小时用来和同事聚餐聊八卦。下午昏昏沉沉效率下降熬到下班。晚上出席各种酒局或者带着未完成的工作回家加班。这是大多数都市白领一天的时间表，在这样的快节奏下，“没时间”成了不学习新知识的借口。

国家外经贸部原副部长，博鳌亚洲论坛原理事、秘书长龙永图是从贵州的山里面走出来的，受过很多委屈，受过很多“歧视”，这激发着他以双倍的努力不断学习，并实现了自己的人生理想。

1965年，龙永图分配到北京工作，他的同事大多来自北京大学、上海外语学院、北京外语学院等名校。得知龙永图来自贵州，很多人的第一反应是：“你们那边挺不错的，风景挺漂亮。”他们可能是把贵州和桂林搞混了。

从贵州山沟里走出的龙永图的成功，得益于两次偶然。第一次偶然是他被临时拉去给对外经济联络委员会主任约见的外宾做翻译。在当时，如果不是翻译下班了，要论资排辈的话，是排不到龙永图的。尽管是第一次给部长做翻译，但他的出色表现却给领导留下了很好的印象。

第二次偶然发生在联合国计划开发署署长访问中国期间。署长有浓重的美国得克萨斯口音，一般翻译很难全部听懂。龙永图临危受命出色地完成了翻译任务。两个月后，他被调到经贸部最重要的国际司当司长，任贸易谈判代表。基于这次翻译的出色表现，几年后，龙永图得以出任中国首席贸易谈判代表。

我们看到的是两次偶然改变命运的故事，但这并非单纯是一个机遇成就豪杰的励志故事。故事的背后，不能忽略的是无数个日夜，在应对完一天紧张的工作后，龙永图依然利用一切业余时间更新知识储备，将自己的外语优势发挥到极限。

你可以把自己的不成功归结于自己不是官二代、富二代，但无论以怎样的起点进入社会，你都可以选择通过终身学习和奋斗来改变命运。

人生永远没有太晚的开始。

摩西“奶奶”大器晚成，她晚年成为美国最多产的原始派画家。96 岁的埃塞俄比亚老人开始上小学，当他笨拙地在纸上写下“1+1=2”时，你还在等什么？

# 可以不成功，但不能不成长

在健身房锻炼久了，会遇到各种有趣的朋友。不锻炼身体，随便走两步就去洗澡的大妈；运动时大喊大叫的肌肉男；特别注意形象，带浓妆健身的女生……没有见不到，只有想不到。其中就有一位，他每次锻炼完之后立刻上秤，看自己当天锻炼的效果如何。他通常每次锻炼 20 分钟，称体重发现自己没减肥成功，就很痛苦，抱怨说，自己已经很努力地锻炼了，还是瘦不下来。接下来就自暴自弃地出去大吃一顿。第二天，又是短暂的锻炼、称体重，没效果，再去胡吃海塞。

这其实是当下社会浮躁的一个缩影，常常想付出后立刻就得到回报，努力后就立刻要求获得成功。一旦得不到回报，就怨天尤人，自暴自弃。这些人总是错误地估量了成功背后的代价，总想找到成功的捷径、速成法则。事实上，几乎每一个成功的人，都有一段沉默的努力时光，里面有艰辛的汗水，也有无数次失败时的泪水。很多人在黎明前一刻认输，只有那些能从黑暗中穿行而过的人，最后才获得真正的成功。

2011 年，我决定留在北京发展时，也曾有过一段过得特别艰难的日子。说到对新东方老师的印象，很多人的第一反应是英语好，然后就是奔波于各个校区甚至城市之间赶课，总能挣得金银满钵。

可当时我所在的中学部要求所有的“酷学酷玩”项目老师不能代课，只有坐班的工资，那点薪水对于一个北漂而言，真叫人生艰难。加上还要养妈妈和妹妹，就更加捉襟见肘。不免有“一文钱难倒英雄汉”的时候。以至于当合租的室友说要平摊电费时，我还非常生气。虽然只是几十块钱的事儿，但我觉得自己天天早出晚归，有时在公司通宵工作，很少回家用电还让我平摊，太不公平了。那气愤之下流露出来的小气，背后所隐藏的痛苦，现在想来，其实都是源于经济上的拮据。还好自己虽然愤怒，但并没成为林森浩。经济的困顿也并没有让我变成为了生计一切向钱看的人。

在困窘之中，我思考的是，要想在未来立于不败之地，我必须磨砺出一项真正属于自己的竞争力，让我因这个竞争力达到无可替代的程度。而当时我的英语水平不错，但英语水平高的人全国也有很多，想到自己从小到大在演讲上还积攒了一些优势，就想把这二者结合起来，形成自己的核心竞争力。但是“怎么实现”是我面临的又一个问题，毕竟上课与演讲还是不同的，并且有很多的限制。那段时间可谓冥思苦想，终于灵光一现，想起了自己很喜欢的一个脱口秀节目《囧司徒每日秀》( The Daily Show ),

主持人乔恩·斯图尔特喜欢用幽默的方式点评时事。如果把这些用英语课的形式来做，放在网上会有什么效果？

2011年11月，我第一次录制网络授课视频，那时这个节目叫《五分钟英语课堂》，录制的设备就是简单的DV，在家里支起一块白板就开始工作了。那一年有个话题非常火爆“普通青年、文艺青年和特二青年”。当时录制的想法就是告诉大家这三个网络热词用英语怎么说。视频最后，我还用自己的照片来解释了普通的我、文艺的我、很二的我是什么样。

为了省钱省时间，我对着镜子给自己理发，没想到一剪刀下去就没了型，索性豁出去想再补一刀，结果却让发型更加难看。虽然发型怪异，身材微胖，我还是坚持录完了这期视频。我想表达的观点是：普通青年、文艺青年和特二青年是人的三种不同状态，再牛的人也有二的时候，再二的人将来也可能有一天无比地牛，所以要学会尊重别人。这一期节目网络点击量是5000，我根本无法想到短短两年时间后的今天，《酷艾英语》视频点击量能超过5000万次。我当时说的那句话“一个二的人也能变成牛的人”，没想到如今可以拿自己的例子去举例，坚持的确换来了可喜的结果。如果能拍成电影说不定也是个不错的题材。两年的时间，从5000到5000万，是一个不小的进步，但这数字的背后，也是一份等价的付出与艰辛。

为了让视频剪辑师不用花太多时间剪辑，我一般会自己先把视频提前讲 15 ～ 20 遍，直到从头到尾没有口误，这样他就可以剪辑一刀过，不用浪费他的时间。这就意味着，我在没有提词器，没有提示板的情况下，每录制 5 分钟的课程，练习加上做 PPT 一共需要 10 小时的准备时间。

像我这样完全不要费用，只为录课程而录制的人，少之又少。直到现在都有人认为这是我们部门的项目，因为有课时费我才能坚持录下去。但其实，到目前为止我都没有因为这个节目直接拿到课时费。我做这个的目的很简单：录好了大家愿意看很开心，录不好，多录几次，不管怎样都是对自己能力的提升。

2012 年冬天，《酷艾英语》才坎坷地找到了自己的录制场地，那就是在其他老师录制收费课程的间隙，我可以利用他们的场地录制《酷艾英语》。因为不能占用早九点到晚九点的黄金时间，我只能选择大家下班后过去，从九点录到夜里两点，因此还得了一个外号——新东方的幽灵。

在一步步的坚持之下，《酷艾英语》的点击量从开始每期在三五千次到后来平均到五万左右，最多一期视频点击量甚至超过了五十万次。不同于上课学英语的严肃，《酷艾英语》在视频中将学习、知识、有趣三者结合到了一起，可以让想学英语的人在短短十几分钟里，既能听到有趣的知识，又能学到有用的英语。

《红楼梦》里说“世事洞明皆学问”，任何事情都有学问可讲，学问能用中文去讲，也能用英文去讲，既然大家用中文讲过那么多，为什么不能用英文讲呢？所以我的视频里有男同学喜欢的《玩游戏学英语》，提到了时下最火爆的游戏《英雄联盟》中的 first blood（一血）、double kill（双杀），也有女生感兴趣的《看韩剧学英语》。后来，我继续不断探索、发展新的形式，比如邀请一些牛人来到我的节目中，讲一些他们可分享的经验，邀请一些看过《酷艾英语》节目的人参与视频录制，通过来节目里演讲，给自己一个锻炼口语的机会。这些探索，都收到了很好的效果。

到 2015 年，《酷艾英语》开辟了全新的《酷艾英语每日秀》，将更多有趣的知识、好玩的活动带到酷爱英语的人们身边。

《酷艾英语》越来越被认可，很多学生告诉我，自己的老师会在课下甚至课堂上播放我的英语学习节目，这份喜悦，比我拿到多少课时费都令人开心。

如果当时我因为工作繁忙放弃了这个节目，如果当时的我因为没有任何报酬而放弃这个节目，我想，艾力就不是今天的艾力了。任何人做一件事，不能只是为了眼前短期的利益而付出，一个人只有学会了不求短期利益回报，才有可能在长期成功的路上走得更远。对我来说，这是打开成功之门的钥匙，有了这把钥匙，我还会打开无数扇的门。

人生的意义，如果仅在于成功，得到的快乐并不会多，因为成功就像烟火，只是一瞬间，更多的时候，夜空黑暗。一个人可以不成功，但他不可以不成长。总有比成功更重要的事。

## 每次失败，都是蒙着眼睛向前走了一步

“这位选手的最后得分是86.7分。”随着主持人的这句话，我的第一次电视演讲画上了充满遗憾并不圆满的句号。

我以0.1分之差，获得了2010年CCTV希望之星英语大赛教师组亚军，与冠军失之交臂。这让我体验到了那种奥斯卡颁奖典礼式的失败，颁奖人公布了最佳男主角，摄影镜头对着没有当选的四位陪衬演员，他们既要表现出一丝失望，不能全不在乎，又得有风度地微笑着祝贺对手的胜利。我也非常热情地和冠军握手，虽然那手握得有点紧。

这也开启了我在各类演讲比赛中的失败之旅。说起来惭愧，目前为止我唯一获得的一次演讲比赛冠军还是在新东方集团演讲师比赛上。新东方的1.8万名教师中，每年平均只有5个人能获得这个称号。可惜的是，这次评选并没上电视。

我的一位亦师亦友的领导勉励我：“输不可怕，怕才可怕。”我当时心里想，万一输多了，输怕了，怎么办？他回应我说：“这话散发着弱者的

气息。”如果按我输的次数，和从来没有怕过的精神来说，我绝对是个强者。

那次央视比赛之后，很多人为我抱不平。我从初赛到决赛都是以第 1 名的身份入选，即使决赛第 1 轮我也领先对手 4 分。比赛临时改了规则，第 1 轮比赛成绩不计入第 2 轮。因此，第 2 轮即兴演讲中抽到用英文讲述“中庸之道优缺点”的我，一下被问蒙了。冠军选手抽到的题目则是：“你认为中文是否能成为下一个国际语言？”

造化弄人，不管比赛规则如何不够合理，个人借口如何充足，输了就是输了，没什么好说。输了之后，大多数人在心理上一般会经过四个步骤：1. 无法接受，拒绝承认现实。2. 无比愤慨，找评委理论。3. 开始质疑幕后的黑手，觉得哪里出了问题。4. 发誓再也不上电视，不参加扯淡的比赛。还好我用了半小时就迅速从这四个阶段过渡到第五个阶段——分析自己的问题，看哪里还能有所改进，一笑而过，准备好经历下一次的挑战。

在这次电视演讲比赛中，我确实在细节之处下了许多苦功，也做了很多的精心设计，以期在比赛中夺目出彩。在最后的演讲环节，我准备了道具，表演了魔术，甚至还当场脱了衣服。我敢肯定，我不是第一个上央视演讲的新疆维吾尔族人，但可能是第一个一脱成名的演讲者。别担心，只脱了外衣，里面还有表现演讲主题的衣服，而这些细节，我也足足构思了一个星期。

从演讲的准备到设计，貌似都做到了极致，但当时的自己读书少，一心研究西方文化，却忽略了中国传统文化。被问到中庸之道时，确实知识储备不足。对中庸的理解，及其问题的研究还不到位。这么一来，演讲时，当然无法说服听众，更何况评委是大学外语系资深教授们。从这次演讲中我学习到的最大一点，就是没知识就别瞎说话，真正的演讲是有知识、有逻辑、高逼格的演讲。后来，我也开始了自己的阅读计划，坚持每周读完一本书，让自己的演讲变成真正有内容、有意义的演讲。

然而，一次失败获得的经验并不保证你在下一次就一定成功。3 年后，我参加了安徽卫视的《超级演说家》，这个节目令更多的观众认识了我。这次比赛，我充分汲取了上次知识不足、内容不深的惨痛教训，希望自己的演讲能打动高端受众。在第一轮盲选中，我讲了 34 枚金币时间管理法，这个方法是自己在实践中摸索出来的，并曾分享给很多人，得到了他们的认可。第一轮演讲，我成为第一位让鲁豫、李咏、乐嘉、林志颖四位导师全票通过的选手，也让导师们对我刮目相看。但作为导师的乐嘉老师直言不讳，他告诉我，我的演讲太强调逻辑，没有感情，不接地气，有些曲高和寡。在第二轮比赛中，我及时进行了调整，成功俘获了鲁豫姐及各位导师和观众的支持。

但第三轮，我就忘记了刚刚学到的经验——演讲最核心的是要了解听众。乐嘉老师在演讲时会提前去了解听众的年龄、性别、所属地等资料，这样有的放矢才能产生共鸣。而我讲的“不要标签化他人”的题目，举例时却过于个人，说了很多关于自己家乡、族群的例子，而现场观众没几个是来自新疆的，大家很少能感同身受。最后拉票环节，我又犯了英雄主义的错误。当李咏和陈建斌老师（接替林志颖担任导师）很纠结，他们两位新疆老乡表示要投票给我时，我又主动提出不必如此，让出了8%的评委分数。而且我在裤兜里藏着秘密武器——第一次演说播出后，很多人发来微博感谢我的34枚金币时间管理法对他们的帮助。我本想进入后面对决时再把这些感谢信拿出来拉票，那一场胜券在握，不必使用这王牌。讽刺的是，王牌还没拿出来，我就再一次以微弱劣势惨遭淘汰。

又是一次失败，在别人看来，可能又是一次很大的打击，又要经历拒绝承认、愤怒、猜黑幕、说“老子不干了”的循环。但把失败当饭吃的我，已经习惯了。没有对比赛的抱怨，没有对对手的诋毁，没有对世界的失望。

姚明说，当你面对失败的时候，不妨这样去考虑：是的，这是一次失败，面对它！这个失败将会是我们未来最终成功的时候，身上所悬挂的勋章。

我坚信，每一次失败，只是蒙着眼睛向成功又走了一步，即使告别，也要像英雄一般离场。就像我热爱的足球，真正不能接受和原谅的是放弃比赛的行为。你不知道你离成功更近了，是因为你的眼睛还被蒙着。蒙蔽你的是失败的苦恼，得把这苦恼放在一边，用头脑去理性分析，会发现失败也是为了鼓舞你继续向着胜利前行。

有趣的是，我失败那集播出时，我正在巴西里约看世界杯，很多朋友发邮件安慰我说，“艾力，你一定要走出失败的阴影。”甚至我的对手都希望我能放下担子，“Let it go。”我想，我人都在巴西了，这距离应该够远了吧？

跳出失败之后的四部曲，迅速开始第五部。失败可以是一个人前行的垫脚石，也可以是阻挡你胜利的铜墙。

生命是由一个接一个选择构成的，你的选择就是你的人生。

面对失败，你作何选择？

# 把生命浪费在美好的事情上

几乎所有听过我的时间管理法的人，都会问一个问题：你是一个机器人吗，一点时间都不浪费，你这么活着累不累，有什么乐趣？

而看过我玩游戏的人也会感慨，你怎么可以连续玩游戏玩这么久，通宵达旦、不眠不休，能换来什么呢？

对第一个问题，我想说的是，我做过的所谓浪费时间的事，可能比其他人都多。我喜欢下象棋、玩游戏、冥想，就连洗澡别人洗 20 分钟，我都能洗 40 分钟。

在“宇宙中心”北京的五道口，有个阿拉伯茶餐厅，我经常去点一壶茶，喝几个小时。反思一下自己过去一段时间的得失，看闲得不能再闲的书，和朋友们聊毫无边际的话题。甚至有一阵，我还骑着自行车从北大到天安门去看日出。我也曾经骑着那破旧不堪又无比心爱的踏板小摩托一路到了五环外的世界公园，一个人在夕阳下给好多景点拍照，下决心要环游世界去看看那些景点真实的模样。

对第二个问题，我的回答是，无用之用，看似无用的事、无用的时间，常常也会发挥出它惊人的价值。至少，我曾经做过的很多无用的事，后来都产生了它独特的价值。

初中的时候，我做了一个影响一生的决定——学习弹吉他。众所周知，在看脸的时代，颜值高的人只靠脸就能吸引女生。而外表欠佳的人，只能寄希望于某种特长来吸引女生注意。学弹琴的人总是长相有些对不住观众，很多吉他弹得好的人，体态都比较胖，尤其是我所学的古典吉他。而那时我 180 斤的身躯，则再次注解了这一事实。

我曾经对父亲说："你既然扼杀了我踢足球的愿望，那就让我学吉他吧。"这句话刚说出口时，我还战战兢兢，怕他说影响学习。没想到他答应得很爽快，让我不禁怀疑他是否年轻时也有学吉他泡妞的想法，把这个未竟的愿望寄托于我了。

冬天，教室里暖气不足，手指冻僵。我学的是古典吉他，居然错买了一把民谣吉他。一开始学得很苦，老师也是半吊子老师，指法教得不认真。但一个男人想让女人倾慕的欲望是很强烈的，即使为了能给女生留下好印象，我也拼了命。别人一个月练不好的曲子，我一周就练成了。当然那是因为，我每天都比别人多用很多的时间来练习，钢丝琴弦把我的左手磨出了茧，那层茧越来越厚、越来越厚。时间除了没有带走这层茧，也没有带走那些我练过的曲子，到现在我还能弹奏一些曲子，包括《小罗曼斯》《天空之城》等。

吉他弹得不错，我还是无人问津，只能在无聊或者昏昏欲睡时自娱自乐。但弹吉他后来居然在我大学、工作中又帮上了忙，它让我在简历填写有什么特长的时候，能心无忐忑地写上“吉他”二字。工作后，在一些活动中表演节目，我也可以露一手，让大家对我露出欣赏的目光，让自己如今看起来似乎也有了那么一层文艺气质。

我的父亲是一个把自己的时间安排得井井有条的人，他并不喜欢娱乐。他的生活中，三样不变的事就是：工作，读书，看《新闻联播》。第一次看到他和朋友下棋，是小学二年级的事。现在想起来，当时他们下棋的场景，像极了经典电影《教父》里的场景。父亲目不转睛地盯着棋盘，两个人一言不发，对弈了4小时。那个场景让我深深爱上了国际象棋，并开始了象棋的学习。这个看似安静的运动，日后也带给我很多思考：不要让你的对手了解你的想法，不要为一步得失喜形于色，不要想着在短时间内获得优势。最重要的一个感悟则是“落棋无悔”，人生就像下棋，很多时候我们都没有反悔的机会。错过了那一刻，即使重来一次，即便不再犯同样的错误，往往也不能改变结局。因此，我学会了做很多决定的时候要谨慎又谨慎，努力让自己的人生少一些后悔。

我从12岁开始接触英语，比大部分人晚。对英语的兴趣其实是来自游戏《星际争霸》，这款游戏在中国风靡了15年，里面没一点中文，那么多玩家却各种操作全部都会，让人感慨有了兴趣学习动力可以如此之大。

玩着玩着，我会去研究相关的英文。《星际争霸》里当你输入密码获得游戏中的金钱时，秘籍是SHOWMETHEMONEY。当时我们是一个一个字母去背的，我研究了密码，其实是“Show me the money”（给我钱）。其他人为了游戏去研究了英语的皮毛，我为了游戏就研究得多了一些。很多东西都有英文版，就算中国历史读英文版也会有很大收获。当你发现，唯一需要做的就是稍微不那么懒，稍微比旁边的人做得多那么一点点，你就成功了。什么是成功者呢？当别人做1，你做到了1.5，别人做2，你做到了3。一点点积累就会产生质变。这款游戏，既启蒙了我对英语学习的兴趣，也让我渐悟到一些人生道理。

不过，就算是在玩游戏，我也会做一些大家认为是浪费时间的事。《魔兽世界》里大部分玩家为的是装备、经验、升级，或者战胜别人的快感。而我喜欢的事情，是在游戏里的各个场景中游荡，自己在游戏里看日出、日落，那些栩栩如生的场景给我带来了强烈的视觉震撼。这些闲得发慌的行为，让好多朋友都不愿意和我一起玩游戏了，他们说：“点卡烧钱啊，你这完全是在浪费生命。”这就好比其他人也会劝我说：“游戏浪费时间啊，你这是在浪费生命。”

但有时候，正是这些所谓无用的事情才定义了我们的生命。生命的长度由心跳多少下决定，而生命的厚度则取决于那些让我们紧张、感动、兴奋到心跳停止的时刻。《魔兽世界》里，我感受到了无数次这样的时刻——壮丽的场景、精彩的剧情和团队的合作。在这些时刻，还有那些游戏中闲游的时刻，我有了一个人的自由，有了自己的思考，有了自己对于人生风景的全新探索。正是这些时刻定义、丰富着我的生命。

我最重要的一个标签——34 枚金币时间管理法，就是来自游戏的理念。史蒂夫·乔布斯曾说，任何东西从后往前看，都可以找到联系，从前往后看找不到学习的意义。大学时他闲得无聊或者出于兴趣爱好，学了书法课。当时的无心插柳，多年后给了他灵感，能够把苹果产品的界面做到世界最美。

任何看似无意义、目的性没那么强的事在将来看都是有意义的，只要你曾沉醉其中，全心全意去做过

你一年的8760小时

CHAPTER 04 /

# 尽你所能，把时间用到极致

如果时间没有记录，

就好像生活不曾发生过一样。

## 吃掉生命的隐形黑洞

一次饭局上，大家提前约定吃饭时谁也不能玩手机，要专心聊天。一开始大家都有些不习惯，但渐渐地大家都投入到了这种面对面的真实交流中。然而，我发现有位朋友却总是眼神飘忽不定，每次我和她对视，没几秒钟她就移开视线。我不禁揣度：难道是我魅力太大了吗？直到饭局结束，她拿出手机，好像握住了灵魂一样，整个人才恢复了生气。我才知道她原来是有严重的手机依赖症，一旦离开手机就会手足无措。

手机，尤其是智能手机改变了我们的生活。2007年，乔布斯说iPhone将重新定义手机时，他可能没想到，iPhone也重新定义了人们的注意力。

过去的社会，无论如何浮躁、喧闹，每天还有一两个小时的时间可以专注。现在，一个人平均每6分钟就看一次手机。手机让我们的灵魂分散，人在心不在。过去我们不停地刷微博刷校内，还只能在电脑上，现在大家则是一起刷朋友圈，只要有人在的地方就有手机，只要有手机的地方就有朋友圈。同时还诞生了不少“点赞狂魔”，朋友圈里只要有条新动态他就去点赞。最让我想不通的就是那些自己给自己点赞的人，看到他们，我会想起青春期我和哥们在情人节收不到巧克力，有个哥们就自己买了盒巧克力放到自己的桌子上，过了半小时拿起巧克力假装很开心，好像真的有了女朋友一样。

点赞也罢，刷朋友圈也罢，手机让我们变得无法再专心于当下的生活。

好久不见的朋友相聚，原本应该好好聊聊从前、聊聊现在，最后却变成你低头玩着手机，我低头玩着手机，场面“冻”人。

出去享受一顿美食，菜端上来，原本应该用味觉视觉去体验它的色香味，现在却变成大家先拿出手机，从不同角度为饭菜拍写真，然后发到朋友圈，一边吃饭一边等别人点赞。

因此，有段子写道：“天将降大任于斯人也，必先卸其QQ，删其微信，封其微博；收其电脑，夺其手机，摔其iPad；断其Wi-Fi，剪其网线，使其百无聊赖。然后静坐、喝茶、思过、锻炼、读书、弹琴、练字、明智、开悟、精进，而后必成人器也。”

前一阵美国大学的一项研究结果表明，人们有一种新的现代病multi-screen syndrome（多屏幕症候群）。人们总是习惯开着电视，同时看着电脑，还玩着手机，以为这样可以同步进行多项工作，让生活更高效。但实验证明，这样的效率比专注做一件事要差很多，所谓的高效其实是一种幻觉。

“反者道之动”，任何事物都有向其相反方向发展的趋势。科技也是如此，过度发达的科技产品的滥用，已经让我们的灵魂不得安宁。一个人最幸福的时刻，就是全心全意的时候。去做一件事，去爱一个人，都需要专注。三心二意带来的是我们内心的焦躁和不安。

作为一个著名的反手机斗士，我其实也是一个重度手机依赖症患者。有一段时间，我的注意力分散到自己无法忍受的程度，删过无数次微信，可每次删了不到半小时就觉得有一个会改变我一生的信息要错过，就又马上下载、重装微信。最后想来想去，一个折中的办法就是关闭了朋友圈，瞬间感觉世界清静了。

可怕的是，虽然我的大脑知道关闭了朋友圈，我嘴上说不想看，但我的身体却是诚实的。朋友圈功能关闭后，原有的位置变成了“扫一扫”，有好几次，我拿手机看时间时，神奇的一幕发生了：我的大拇指不由自主地“碰”到了微信，点开了“我”的选项，自动点击了原是“朋友圈”现在是“扫一扫”的地方。

除了手机等 SNS 工具，还有很多其他小事也在偷吃着我们的时间。

早上毫无意义的赖床。明明 8 点已经醒了，却硬要在床上赖到 9 点再起床，白白浪费掉一个小时。

本来只打算和朋友聊天 2 小时，不知不觉聊了 4 小时，直到最后两个人无话可说，可碍于情面，也很少有人先开口说“咱们今天就到这儿吧”。

明知道没有自己特别想看的电视节目，还不停地换台，最后不是百无聊赖地看广告，就是躺在床上拿着遥控器发呆。

有些时候我觉得，人生就是要有些可以用来浪费的时间，可浪费也要浪费得有意义，浪费在自己喜欢的事情上，比如看一部经典的电影，打上 1 个小时的羽毛球，对着阳光发一会儿呆……我曾经对自己的时间分配做过统计，2014 年的 365 天，8760 小时里，我毫无意义地浪费了 775 小时，约等于 32.292 天。相当于一个月的时间我都浪费在刷微博刷朋友圈这些百无聊赖的事上，这些时间都够我去南极旅行一次了。

像我这样把时间精确到半小时的人，都会在一年中浪费一个月，那些没有做过时间管理和统计的人，很难意识到时间流走了。就像那首歌里唱的：

时间都去哪儿了

还没好好感受年轻就老了

生儿养女一辈子

满脑子都是孩子哭了笑了

时间都去哪儿了

还没好好看看你眼睛就花了

柴米油盐半辈子

转眼就只剩下满脸的皱纹了

需要专注工作时，我通常会把手机调到静音状态，并且放得离自己远远的。然后坐在电脑前，在不连接网络的情况下备课、阅读、写作。在清晨最高效的时候，几个小时就可以完成一天中最重要的工作。当我全情投入时，完全感觉不到时光的流逝。而高效完成工作带来的成就感，则会让人一整天都神清气爽，获得拥有自控力的满足感。其实，真的不用担心在这几个小时里会有改变人一生的电话打来，通常，除了父母和10086外，很少有人那么主动地联系你。

曾经有一段时间，我很不喜欢打扫自己的房间，工作忙的时候尤其如此。到处堆着没来得及洗的衣服，床上、书桌上是没读完的书，而我突然想读哪本时，要花很多时间从那小山一样的书堆里去找。还有一些似乎有用，却很长时间用不到的东西，令本来不小的房间显得十分局促。

后来，读过日本杂物管理咨询师山下英子的书后，我很赞同她说的“断舍离”这种生活态度：

断 = 不买、不收取不需要的东西

舍 = 处理掉堆放在家里没用的东西

离 = 舍弃对物质的迷恋，让自己身处宽敞舒适、自由自在的空间

我开始整理房间，重新审视自己与物品的关系，把那些“不需要、不适合、不舒服”的东西替换为“需要、适合、舒服”的东西。生活空间简单了，工作效率也更高了，省下了很多整理和找东西的时间。

物品如此，情绪也是如此。那些让我无法专注于生活和工作的负面情绪和思考，要及时“断”，犹豫得越久，生命中失去的亮色就越多。而那些原本可以用来享受生活的时间，就在不知不觉中流走了。

时间就是生命，一定要远离那些吃掉我们生命的怪兽。

## 34枚金币时间管理法

2012年1月16日，我开始整理父亲的遗物。他去世后有半年多时间，我不敢踏进他的房间一步，总怕触景生情。我从来没在妈妈和妹妹面前哭过，父亲去世后更是没有再流过一滴眼泪。可是我的心，始终挂念着父亲。

翻开他的日记本，前面几页记录了很多生活的瞬间：

“2009年1月1日，我从今天开始写日记记录我的生活了。过去很多事都没记下来，很可惜。”

“1月2号，今天带家人一起吃饭逛街。”

……

“6月2日，半年没坚持写日志，对工作有些反思如下……”

然后就是一片空白。

长大后的我，其实和父亲的感情交流很少，他的事我并不知道。翻看父亲的日记，凭借着这些记录，我对父亲的生活有了更多的了解。我突然想，如果生活没有记录，就好像生活不曾发生过一样。即使是每天自己经历的，如果没有记录，真正留下印记的也很少。

于是，我决定对自己每天的生活也要有所记录，后来又因为工作关系，读了一些时间管理方面的文章，就慢慢形成了一套记录时间、记录生活的方法，并用这个“34 枚金币时间管理法”管理自己的生活，让生活更高效。

在记录时间之前，一个很简单的问题是：“过去一年的新年目标，你实现了吗？或者说，你还记得当初的目标吗？”

回答这个问题的时候，我们常发现，今年我打算实现的计划就是去年新年制订的，前年策划过要执行的，大前年构思的——总之都是同一个目标，却一直未被实现。可能我们每一年的新年目标都只是把去年的目标重复一遍。

当我发现自己的这个问题后，我从 2013 年开始有了改变。之前我是80公斤的胖子，几乎没有太多说得上来的成就，但是在这一年，我录了52期《酷艾英语》节目，总点击量超过了 5000 万次，邀请到世界英语演讲比赛冠军参加这个节目，也做了自己的 APP，写了 5 本跟英语学习有关的工具书。并且身材在年底就变成了 72 公斤、有了腹肌和人鱼线。虽然达不到美剧男主角的标准，但还算可以，我还在不断练习。

很多人听到我的这些改变，都会好奇我是如何做到的。其实很简单，你只要把人生过好了，问题就不大。人生当然是个宏大的话题，但它却可以落实到一个相对具体的东西上，没错，人生就是时间，人们活着就是因为在这个世界上存在过几十年时间。很多人年轻时自以为有大把时间，就常常挥霍无度，年老时才知时日无多，才学会珍惜时间，却为时已晚。

古代的牛人都是时间管理的高手，其中一位就是一百美元上的哥们——本杰明·富兰克林。他的时间管理为世人景仰。不过大部分人会犯一个错误，一说到时间管理就想到各种各样的时间计划，定各种雄心勃勃的目标。可能你这个假期已经订好了非常完美的计划，7点起床，7点到9点读英语，9点到12点做作业。计划本身非常棒，但是实施的时候很可能就变成10点起床，然后玩电脑玩电脑玩电脑，一直玩下去了。

有些时候，你下定决心要做某件事，最后微博微信什么的诱惑又让自己无法实现目标，非常痛苦。所以我说订计划是时间管理的一部分，但不是最重要的一部分。如果直接通过订计划来改善时间管理，就好比去医院不诊断直接开药。你还不知道你过去的时间是如何浪费的，怎么能去确定未来的时间会用得更好呢？

因此，比起管理，时间记录或许更有效。

时间这个东西很抽象，“一寸光阴一寸金”，为了更重视时间的价值，我采用把时间当金钱一样去记录的方法。

平时，我记账记得比较认真，早饭、午饭、晚饭、理发……所有的花销都会去记，精确到0.5元，每个月也会用Excel表格做出来，有折线图，每一项开销也有柱状图，记得非常清楚。这并不是说我是个抠门的人，我只是想知道钱去哪里了，不然的话就像破开一百块钱，很快就花得所剩无几了。

用34枚金币时间管理法，时间就能像账单一样被记得很清楚。

原理很简单：早上7点起床，晚上12点睡觉，17个醒着的小时，按半小时划分，将时间分为34份，就有了34枚金币。

每天晚上，数一下金币是怎么花的，你就有了一个非常不错的收获，你会发现，一天的时间，都干了什么，高效与否，一目了然。这也是我这一年能做那么多事的最重要的原因。

有的人会问：为什么是7点起床，不能8点起床？可以，那就是32枚金币。9点起床可不可以？那就是30枚金币。

以半小时为单位来记录的原因是，半小时是我们大部分人完成一部分工作的时间，半小时足够了。或者说，你要完成4小时的工作，半小时是你做好准备进入这个工作的时间。半小时屁股坐稳了开始写论文，你就可以一直写下去，但如果这里动动，那里动动，刷刷微博，聊聊朋友圈，那我相信，你可能一直进入不了状态。

记录的时候，不必每过半小时就停下来去记录，我每天是睡觉前花5到10分钟去记。甚至有些时候，我两三天乃至一个星期都忘记了，还是会花半个小时时间坐在那里，认真回想并记录前几天的事情。如果晚上记录的时候，一天做过什么都想不起来了怎么办？那就果断标记成浪费的时间。如果你这段时间高效工作、认真学习了，你肯定不会忘记。如果这段时间你玩得非常开心，和同学聚会吃饭了，你也不会忘记。什么样的事会记不住？就是干那些没有意义的事情，刷微博、看网页，这类时间果断标记成红色。

记录完毕就要去分析，我把时间分为五类，这五类可以概括生活里所有的事。第一类是尽情娱乐时间，就是高效地玩，无负罪感地玩，用蓝色来标记。比如说和朋友聚会，和另一半约会，和任何人做开心的事情都可以这么去标记，我也会把自己锻炼的时间放到这一类。有些时候读书看电影我也认为是高效地玩。记录这类时间最大的意义就是告诉自己，你每天也可以有不少时间活得很开心的。

接下来，是休息时间，包括睡觉的时间，我把自己一个人吃饭的时间也标记成休息，包括上下班路上的时间也标记成休息，毕竟这段时间我们没有跑，也没有累得满头大汗，偶尔我也会在路上听听音乐或看看电子书。这些时间都被我标成绿色，一眼看到这些绿色时间，就知道今天为自己积攒了足够的能量。

然后，是强迫工作的时间，用橙色标记。比如说大学有些课你不想上，但是不得不去上；工作的有些会你不想开，但不得不去开，你可以标记成强迫工作的时间。这个时间是非常主观的概念，在过去的一年，我学会把强迫工作时间压缩到最短。很简单，如果这个工作我不想去做，但人又必须到场，我就会在脑子里想些计划，做些其他的思考。这段时间就巧妙地转化为高效工作的时间了。

再往下，就是我最喜欢的高效工作时间了，包括高效地工作、看书、学习，任何能产生价值的时间都标记在这里，用黄色来表示。

红色最可怕，是拖延的时间，做些没意义的事，比如在朋友圈自己给自己点个赞，早上在床上赖上半天床。我不是说我不睡觉，我晚上睡 6 个小时，中午睡 1 个小时，睡眠时间是足够的。但有些朋友，他可能早上 7 点醒来，但在床上一直赖到 10 点，最后躺到头疼才起来。这段时间可以标记成拖延的时间，因为你什么都没有干。其他拖延的时间，包括本来说好了出去玩 3 个小时，但不知不觉玩了 6 个小时，多花的 3 小时没有什么意义，这种时间你也要果断标记为拖延。任何你认为没有意义的工作，都标记为拖延的时间。

这么一来，每一天的时间五颜六色会很有趣，你也可以进行计算。好消息是，你不需要一个一个自己数格子，通过下载 34 枚金币时间管理法的 APP，它可以帮你分析时间。

有些时间并不是从整点开始的，比如 8 点 15 分到 8 点 45 分做了一件事，我采取的方法是类似化，约等于化。我会记录成 8 点到 8 点 30 分做了这件事。没关系，你只要有个大概的记录就可以了，关键是要坚持，而不是去过分在意细节。

Excel 表格的优势就在于你可以写很多字，我有时候还会在格子里写文章。比如我开了一个会，很有感触，就把心得记录在那段时间里。所以我这个记录法，不仅仅是简单地看颜色，还是心得体验的宝贵记录。

每周记录完成之后，我都会进行一个反思，把每周做的有意义的、傻的事情记下来。比如我会记录每周看过什么书、什么电影以及印象最深的 5 件事——这 5 件事是这周相对来说最有意义的，记下来会相当有收获。你每周做的最傻的事是什么，这点更重要。我以前就做了很多傻事，包括我的手机掉到马桶里，被骗了钱，还丢了护照。我都记了下来，只要我以后不再犯相同的错误就行了。但是你会发现，大部分人，这一生都在犯相同的错误。

子曰："君子博学而日参省乎己，则知明而行无过矣。"你应该知道自己每一天都有哪些收获，每一天都有哪些成长。这些表格就会帮你有一个非常直观的认识。

每一周我把自己高效工作的时间除以 4，而把我拖延的时间除以 2，

最大的勇敢是知道自己的差距很大，

依然勇敢去追赶。

没有完美的世界，

不是天天都阳光灿烂，

我们只能去适应这种不完美。

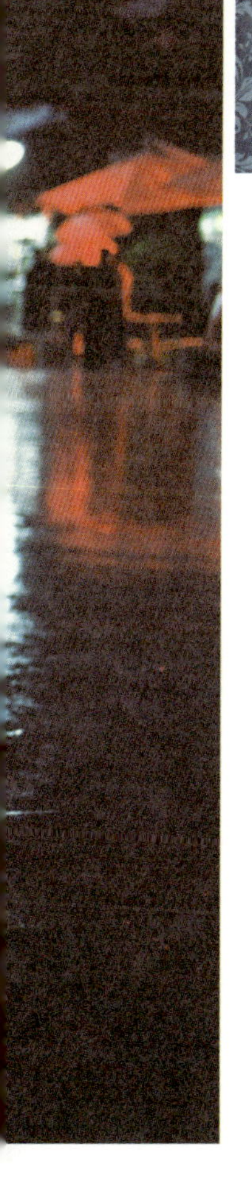

很多时候，我们抱怨世界残酷，

其实正是内心对爱和温暖渴求的反射。

即便世界残酷，内心也要温暖。

享受美食是人生一大乐趣，

如何吃却是一种智慧。

减肥注定是痛苦的旅行，

但那又怎么样，

哪怕是死，也要坚持。

时间就是生命，

或者，生命就是时间。

在有限的时间里，

我们应该努力追求生命的美好。

在匆忙的人群中，

很容易迷失自己而随波逐流。

想取得成功，

应该找到属于自己的坐标和方向，

并沉下心来过一段努力时光。

之后用前面得到的数字减去后面得到的数字，即为我奖励自己的时间，通过不断地高效工作，减少拖延时间，我就有奖励自己的时间了。这部分时间就用来做自己喜欢的事情，比如说去玩《魔兽世界》。

时间记录会帮助我检视自己的人生。苏格拉底说过："不经过检视的人生是不值得活的。"一个人应该知道自己做了些什么，应该了解自己，这些都可以从时间记录开始。它也会给你极大的成就感，从而提高自控力。

其实一个人无法实现目标是因为缺乏自控力，而自控力来自成就感，成就感又来源于对自己生活轨迹的记录。我们玩《超级玛丽》时自控力超强，成就感很足，就是因为屏幕左上角有计分，但如果把计分去掉，就一个小人跑呀跑，你就会觉得很无聊。希望你通过这个表格来提高自己的成就感。

时间记录会证明我们活过。我过去的一年，真的非常精彩，每个月的时间如何规划如何使用都有相关的记录，每一周，也有相关时间表格的统计、分析，有些时候浪费的时间多了一些，有些时候休息的时间少了一些，我也会相应地调整。我把自己当成一家公司，这些时间，就是我公司的财产，我每周要进行相关的总结。你也试着经营一下你自己这家公司吧。

当然，有人会说，艾力，既然是家公司，你就给我们个年报，2014 年你的时间到底是怎么花掉的？ 1 年一共是 365 天，52 周零 1 天，8760 个小时，每天34枚金币，一共是12410枚金币，我都可以告诉你怎么花的，这就是艾力公司的年报了。我一共玩了1428小时，休息了3695.5小时，强迫工作了24小时。我现在非常热爱我的工作，所有做的事都是我喜欢的，并没有感觉到被强迫工作的痛苦。过去的一年中，我高效工作了2837.5小时，这也就是为什么能在讲课之余，还能同时写书、做APP，去全国各地演讲。即使在这种情况下，我也浪费了775小时，这相当于1年里我有32.292天在刷微博刷人人睡懒觉，几乎一个月的时间都彻底浪费了。

你知道一年里自己浪费了多少时间吗？过去一年感动你的十个瞬间是什么？你可能只能说出来三个。问你一年里最大的收获，你只能说出来五个，这真的很可怕。

我们人类的记忆力真的不靠谱。通过时间记录，我相信每个人都会活得更有质量一些。这就是为什么要有历史观，要记录整个人类的历史。我也希望你有一个属于自己的"时间简史"，我的"时间简史"就是34枚金币时间管理法，那么你有自己的"时间简史"吗？

如果你相信通过努力可以改变命运，那么我邀请你和我一起努力。

记录时间，培养习惯，塑造性格，改变人生。

## 逆向思维一周规划法

很多人第一次看到 34 枚金币时间管理法之后会觉得好变态。有人这样问我：“你每天的时间规划到半小时，活得一点自由都没有，你难道不想死吗？”其实，我这不是在规划时间，我只是在记录时间。“清华学霸”马冬晗可以做到以半小时为单位规划好时间，被子叠成豆腐块，去哪里都是跑步，一般人都做不到，我也做不到。因为很有可能这个工作的时间会延长了点，那个朋友来吃饭迟到了，我的时间规划就被打乱了。

把所有的工作任务写在每一天的表格里，要开的会，做的报告。最后加入晚上自我提升的时间，还有健身、约会的时间。这个表格给人的感觉就是满满当当、累觉不爱。刚进入职场的人往往就是这样来做规划的。每天叫醒你的不是梦想，而是抽打自己的皮鞭。我把这种计划叫作“梦中的计划”。理想很丰满，现实很骨感。计划很充实，现实很拖沓。

回想我们在学生时代也喜欢在寒暑假做这种规划。假期开始时，信心满满地写好上午学英语，下午做数学题，中间背课文。可是睡了个懒觉，起床就12点了，心想：上午的计划是来不及了，干脆今天休息，明天再开始计划吧，于是兴高采烈打开电脑玩《英雄联盟》，一口气打到吃完晚饭，又可以看电视了。最后几天开始狂抄作业。整个假期除了看很多肥皂剧和训练了打游戏的手速外一无所获。

英文中有个笑话，“I need time to make a list, so that I can make a list.”(我的第一项任务是做个计划表，而我计划表中的第一项任务是做个计划表。)

我曾经也是这样的人，把计划订得满满当当。但是当我第972次没有实现计划后，我发现自欺欺人也得有个限度，不能再这么继续骗自己了。

有个说法是，把《新概念英语》背熟了，基本可以应付大学考试。《新概念英语》中某一课的标题就是“New year resolutions”，新年是许愿的好时机，可你会发现，2015年的计划是要把2014年设定好的、2013年想要做的、2012年就有雏形的、2011年开始规划的事情做好。正如很多人背了若干年，依然只背到“New year resolutions”这一篇。可见，一个没用的计划表，就像花很多钱买来的一直放在书架上的那本从没有翻开的书。看上去很美，但对你的生活从未产生过实际意义。于是，好多人干脆放弃订计划，人生开始走向及时行乐，对酒当歌，笑笑傻傻。

计划还是应该有的，但计划不能是人生的枷锁，而应该是生活的助力器。

后来，我采用的计划时间的方法是：尼尔·菲奥里先生在《战胜拖拉》

中提及的逆向时间规划法，在每个周日拿出一段时间来，进行下周的规划。

第一步，先记录下必须参加的活动，如会议、上课的时间。

<table>
<tr><th></th><th>周一</th><th>周二</th><th>周三</th><th>周四</th><th>周五</th><th>周六</th><th>周日</th></tr>
<tr><td>7—8</td><td></td><td></td><td></td><td></td><td></td><td></td><td></td></tr>
<tr><td>8—9</td><td rowspan="4">集团会议</td><td></td><td rowspan="4">部门会议</td><td></td><td rowspan="3">录制《老外看东西》</td><td rowspan="4">托福口语课程</td><td rowspan="4">托福口语课程</td></tr>
<tr><td>9—10</td><td></td><td></td></tr>
<tr><td>10—11</td><td></td><td></td></tr>
<tr><td>11—12</td><td></td><td></td><td></td></tr>
<tr><td>12—13</td><td></td><td></td><td></td><td></td><td></td><td></td><td></td></tr>
<tr><td>13—14</td><td></td><td></td><td></td><td></td><td></td><td></td><td></td></tr>
<tr><td>14—15</td><td rowspan="6">全国决赛评委</td><td rowspan="6">全国决赛评委</td><td rowspan="6">全国决赛评委</td><td></td><td rowspan="8">录制《奇葩说》</td><td></td><td rowspan="4">托福口语课程</td></tr>
<tr><td>15—16</td><td rowspan="3">北大讲座</td><td></td></tr>
<tr><td>16—17</td><td></td></tr>
<tr><td>17—18</td><td></td></tr>
<tr><td>18—19</td><td rowspan="2">网络课程</td><td></td><td></td></tr>
<tr><td>19—20</td><td></td><td></td></tr>
<tr><td>20—21</td><td></td><td></td><td></td><td></td><td></td><td></td></tr>
<tr><td>21—22</td><td></td><td></td><td></td><td></td><td></td><td></td></tr>
<tr><td>22—23</td><td></td><td></td><td></td><td></td><td></td><td></td><td></td></tr>
<tr><td>23—24</td><td></td><td></td><td></td><td></td><td></td><td></td><td></td></tr>
</table>

第二步，规划工作之前先把休闲娱乐、朋友聚餐等时间记录好。

<table>
<tr><th></th><th>周一</th><th>周二</th><th>周三</th><th>周四</th><th>周五</th><th>周六</th><th>周日</th></tr>
<tr><td>7—8</td><td></td><td></td><td></td><td></td><td></td><td></td><td></td></tr>
<tr><td>8—9</td><td rowspan="4">集团会议</td><td></td><td rowspan="4">部门会议</td><td></td><td rowspan="3">录制《老外看东西》</td><td rowspan="4">托福口语课程</td><td rowspan="4">托福口语课程</td></tr>
<tr><td>9—10</td><td></td><td></td></tr>
<tr><td>10—11</td><td></td><td></td></tr>
<tr><td>11—12</td><td></td><td></td><td></td></tr>
<tr><td>12—13</td><td rowspan="2">请××吃饭</td><td rowspan="2">请××吃饭</td><td rowspan="2">评委聚餐</td><td></td><td rowspan="2">选手聚餐</td><td></td><td></td></tr>
<tr><td>13—14</td><td></td><td></td><td></td></tr>
<tr><td>14—15</td><td rowspan="6">全国决赛评委</td><td rowspan="6">全国决赛评委</td><td rowspan="6">全国决赛评委</td><td></td><td rowspan="8">录制《奇葩说》</td><td></td><td rowspan="4">托福口语课程</td></tr>
<tr><td>15—16</td><td rowspan="3">北大讲座</td><td rowspan="4">北大踢球</td></tr>
<tr><td>16—17</td></tr>
<tr><td>17—18</td></tr>
<tr><td>18—19</td><td rowspan="2">网络课程</td><td rowspan="3">部门集体电影</td></tr>
<tr><td>19—20</td><td rowspan="2">老同学聚餐</td></tr>
<tr><td>20—21</td><td></td><td></td><td></td><td></td></tr>
<tr><td>21—22</td><td></td><td rowspan="2">玩魔兽</td><td></td><td rowspan="2">玩魔兽</td><td></td><td></td></tr>
<tr><td>22—23</td><td></td><td></td><td></td><td></td><td>玩魔兽</td></tr>
<tr><td>23—24</td><td></td><td></td><td></td><td></td><td></td><td></td><td></td></tr>
</table>

第三步，自己读书、进修的时间安排。

<table>
<tr><th></th><th>周一</th><th>周二</th><th>周三</th><th>周四</th><th>周五</th><th>周六</th><th>周日</th></tr>
<tr><td>7—8</td><td>早起读书</td><td>早起练字</td><td>早起读书</td><td>早起练字</td><td>早起读书</td><td>早起<br>西班牙语</td><td>早起<br>西班牙语</td></tr>
<tr><td>8—9</td><td rowspan="4">集团会议</td><td></td><td rowspan="4">部门会议</td><td></td><td rowspan="3">录制<br>《老外看东西》</td><td rowspan="4">托福口语<br>课程</td><td rowspan="4">托福口语<br>课程</td></tr>
<tr><td>9—10</td><td></td><td></td></tr>
<tr><td>10—11</td><td></td><td></td></tr>
<tr><td>11—12</td><td></td><td></td><td></td></tr>
<tr><td>12—13</td><td rowspan="2">请××<br>吃饭</td><td rowspan="2">请××<br>吃饭</td><td rowspan="2">评委聚餐</td><td></td><td rowspan="2">选手聚餐</td><td></td><td></td></tr>
<tr><td>13—14</td><td></td><td></td><td></td></tr>
<tr><td>14—15</td><td rowspan="6">全国决赛<br>评委</td><td rowspan="6">全国决赛<br>评委</td><td rowspan="6">全国决赛<br>评委</td><td></td><td rowspan="8">录制<br>《奇葩说》</td><td></td><td rowspan="4">托福口语<br>课程</td></tr>
<tr><td>15—16</td><td rowspan="3">北大讲座</td><td rowspan="4">北大踢球</td></tr>
<tr><td>16—17</td></tr>
<tr><td>17—18</td></tr>
<tr><td>18—19</td><td rowspan="2">网络课程</td><td rowspan="4">部门集体<br>电影</td></tr>
<tr><td>19—20</td><td rowspan="2">老同学<br>聚餐</td></tr>
<tr><td>20—21</td><td></td><td></td><td></td><td></td></tr>
<tr><td>21—22</td><td></td><td rowspan="2">玩魔兽</td><td></td><td rowspan="2">玩魔兽</td><td></td></tr>
<tr><td>22—23</td><td></td><td></td><td></td><td></td><td>玩魔兽</td></tr>
<tr><td>23—24</td><td>睡前读书</td><td>睡前练字</td><td>睡前读书</td><td>睡前练字</td><td>睡前读书</td><td>睡前<br>西班牙语</td><td>睡前<br>西班牙语</td></tr>
</table>

第四步，把自己可以掌控的工作安排到余下的空闲时间里。

<table>
<tr><th></th><th>周一</th><th>周二</th><th>周三</th><th>周四</th><th>周五</th><th>周六</th><th>周日</th></tr>
<tr><td>7—8</td><td>早起读书</td><td>早起练字</td><td>早起读书</td><td>早起练字</td><td>早起读书</td><td>早起<br>西班牙语</td><td>早起<br>西班牙语</td></tr>
<tr><td>8—9</td><td rowspan="4">集团会议</td><td rowspan="4">写书</td><td rowspan="4">部门会议</td><td rowspan="4">写书</td><td rowspan="3">录制<br>《老外看东西》</td><td rowspan="4">托福口语<br>课程</td><td rowspan="4">托福口语<br>课程</td></tr>
<tr><td>9—10</td></tr>
<tr><td>10—11</td></tr>
<tr><td>11—12</td><td></td></tr>
<tr><td>12—13</td><td rowspan="2">请××<br>吃饭</td><td rowspan="2">请××<br>吃饭</td><td rowspan="2">评委聚餐</td><td>午餐</td><td rowspan="2">选手聚餐</td><td>备课</td><td>备课</td></tr>
<tr><td>13—14</td><td rowspan="2">备课</td><td>午餐</td><td>午餐</td></tr>
<tr><td>14—15</td><td rowspan="6">全国决赛<br>评委</td><td rowspan="6">全国决赛<br>评委</td><td rowspan="6">全国决赛<br>评委</td><td rowspan="8">录制<br>《奇葩说》</td><td></td><td rowspan="4">托福口语<br>课程</td></tr>
<tr><td>15—16</td><td rowspan="3">北大讲座</td><td rowspan="4">北大踢球</td></tr>
<tr><td>16—17</td></tr>
<tr><td>17—18</td></tr>
<tr><td>18—19</td><td rowspan="2">网络课程</td><td rowspan="4">部门集体<br>电影</td></tr>
<tr><td>19—20</td><td rowspan="2">老同学<br>聚餐</td></tr>
<tr><td>20—21</td><td rowspan="2">健身房<br>锻炼</td><td></td><td rowspan="2">健身房<br>锻炼</td><td>写书</td></tr>
<tr><td>21—22</td><td rowspan="2">玩魔兽</td><td rowspan="2">玩魔兽</td><td rowspan="2">写书</td></tr>
<tr><td>22—23</td><td></td><td></td><td>备课</td><td>玩魔兽</td></tr>
<tr><td>23—24</td><td>睡前读书</td><td>睡前练字</td><td>睡前读书</td><td>睡前练字</td><td>睡前读书</td><td>睡前<br>西班牙语</td><td>睡前<br>西班牙语</td></tr>
</table>

这样的时间表，会让你先看到自己有充足的娱乐休闲时间，从而对这一周充满了期待。那么，每天叫醒你的是梦想，而不再是责任。

要获得充足的休闲时间，就要做到在尽可能短的时间内高效、保质保量地完成工作和学习。有了休闲玩乐的动力，高效地工作就不难实现了。这种计划方法，一改此前学不好、玩不好的情形，让你轻松实现学好、玩好，大家好才是真的好。

生活中的二八原则无处不在，80% 的产出源自 20% 的投入，要学会找到那关键性的 20%。现代社会学家做了有趣的实验。同样的论文，给第一组一星期完成，给第二组 10 小时完成。结果是两组学生的论文质量相差不大。拥有一个星期准备时间的人看似可以做得更完美，但因为时间长了，失去紧迫感，反而会花太多的时间在细枝末节上，甚至会不断地拖延。而在紧迫的情况下，人们会在开始工作之前找到最重要的事情去做，从而在短时间内高效完成工作。

我在新东方的一位同事曾经因为连续上课，感觉自己没时间进修和娱乐，一度郁闷到想辞职，来一场说走就走的西藏旅行，或者去丽江开个茶馆。他跟我说，每天就是上课、备课、上课、备课的循环，真没意思。“咱先别一下子抛开一切，生活我们是逃避不了的。如果你想有一些自己的娱乐学习时间，不如你按照我说的来做。”我帮他做了逆向时间规划，当时的他露出了怀疑的目光。

“你尝试一下，就这一周。什么都别管，就保证这些玩的时间，即使10小时的课，晚上8点下课你也可以尽情娱乐到12点。”我这样告诉他。

那些正向规划的表格，会使人容易产生受害者心理，觉得自己每天都要先做不得不做的事。而逆向时间表是享受者的生活，思维上的改变会带来行动的改变。

一周以后，他的精神面貌就不一样了。他跑来告诉我：“艾力，这样规划起来，感觉生活充满美好，而且该完成的工作也都完成了。”

经常看到大企业家们去世界各地旅行，在沙滩上享受日光浴。很多人都感到很羡慕，仿佛轻轻松松就把钱赚了。我有一位师姐在哈佛医学院攻读博士，哈佛的课业之繁忙举世闻名，而医学院又是其中课业极重的一个学院，但她依然在读博士期间环游了美国。她说，每次旅行后，接下来她都会学得更用功。我不敢保证他们都用了逆向时间规划，但有一点是可以肯定的，他们逼自己在最短的时间完成最高效的工作。

人们常说“Work hard，play hard”。努力工作，尽情娱乐。而在我看来，人生应该是“Work hard，play harder，so that you can work even harder”。踏踏实实地学，痛痛快快地玩。

# 重建生活的优选方式

2015 年初，有几个星期我陷入了疲于奔命的循环中——连续一个月每天讲课 10 小时，有时一周还要飞去四五个不同的城市工作。

先是从北京飞广州拍摄某护肤品广告，回到北京后讲了一天课又要去西安录一档电视节目，然后再飞到上海去拍某服饰和汽车的广告。因为白天要上课，我只能下课后乘坐晚上 11 点后的航班，经常遇到航班延误，到达目的地常常已经是凌晨 1 点了，再赶到合作方指定的酒店入住就到了夜里 2 点之后。而早上 4 点钟，我就要起来定妆拍摄。连续几天两小时的睡眠。就连化妆时，我都在发早起微博和语音叫大家起床。

拍摄广告也不像想象中那样轻松，不是要帅摆酷那么简单。在拍摄一个奔跑的场面时，为了广告中呈现出的几秒钟的精彩，我在寒风中穿着短裤足足跑了 15 公里。最后，在拍翻越护栏的镜头时，由于身体的透支、精神的低迷，导致我的手臂被划了一道长长的伤口。

回到北京我就病倒了，发烧到 40 度，不得不去医院看病，还昏睡了半天。

想同时做的事太多，又太想把它们都做好，结果就是忙乱不堪。

生病的时候，我重新反思了一下最近的生活，发现自己的问题就是没有对这些事进行区分，对所有的事都投入了同样的精力，但一个人的精力是有限的，这样不仅导致所有事得到的时间都很少，还导致自己变成了病人。要想把人生的价值发挥到最大，就必须先要去做那些真正重要的事，把它们放在优先级上。而把那些不太重要的事放在后面，这些事即使没有足够的时间去做，也不会对我们的人生造成太大的影响。

下面是史蒂芬·柯维提出的对不同的事情进行简单区分的坐标图：

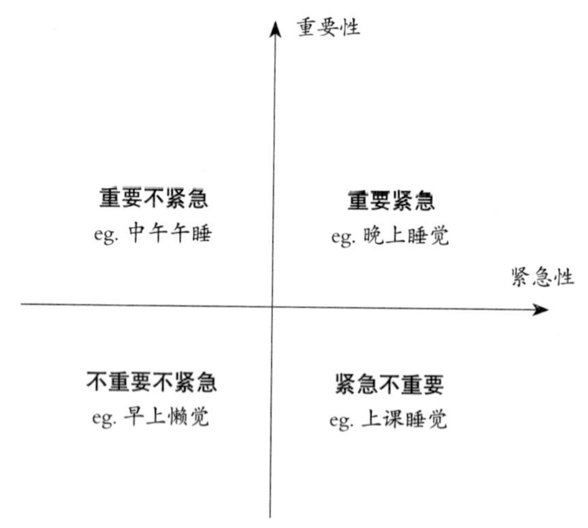

图中的纵坐标是重要性，横坐标是紧急性，重要性指的是对于你的综合提升、实现人生理想有帮助；紧急性是指这件事必须现在做，不做就影响之后的工作。我们生活中所有的事情都可以按照上面的轴分为四类：既重要又紧急的事，重要但不紧急的事，不重要也不紧急的事，紧急但不重要的事。

比如睡觉，晚上 11 点非常困，这时候睡觉是重要又紧急的事。重要是因为对你的身体健康有益，紧急是因为已经很困撑不住了。什么是重要但不紧急呢？中午睡午觉。重要是因为午觉会让下午精神抖擞，不去睡觉则会导致之后的工作状态很差，不紧急是因为很多人中午并不困。早上 9 点，你已经醒了，仍然赖在床上，这是既不重要也不紧急的事。不重要是因为这时候睡觉对健康并没帮助，不紧急是因为你其实也不困。这种既不重要又不紧急的事，我们生活中其实做了很多，很浪费时间，也会导致时间利用效率的下降。

其实最最隐蔽，并且让我们难受的是，紧急但不重要的事。就是你现在不得不做，但对发展没有帮助的事。比如说上课睡觉，不重要是因为趴着睡对心脏不好，也没法真正得到休息，但这件事又非常紧急，因为你困得要死。上学的时候，我从来不在课堂上睡觉。如果困极了，我宁愿直接告诉老师，要回家睡觉。老师会一脸惊讶，我会解释说，反正我上课已经困得没法听课了，与其勉强留在这里浪费时间，不如回家直接睡觉。老师也很通情达理。当然我的这种方法并不值得效仿，最好的方法，还是在该睡觉的时候得到充足的睡眠，这样就能减少上课想睡觉的情况。

在我们的生活中，如果有很多紧急但不重要的事情要做，我们就要开始检讨自己了，是不是因为很多原本重要但不紧急的事没做好，导致了这么多紧急情况的出现。改变的方法也很简单，学会找到这件事背后的重要但不紧急的事，并把它做好，这样的紧急情况就会越来越少出现了。就像上课睡觉，背后重要但不紧急的事，就是每天晚上睡好觉。

生活的优选方式，就是要把这四类事分析清楚，然后集中精力多做一些重要但不紧急的事。比如说，每天的跑步、早饭。早饭和运动都很重要，短期内不吃早饭、不运动，对生活的影响看起来并不明显，导致很多人习惯性地忽视它们。但突然有一天，我们发现自己身体变差了，容易生病了，也没法好好工作了。此时，医生对我们谆谆教导，一定要吃好早饭，一定要多运动，我们才会意识到它们的重要。

在工作中，也有这样重要但不紧急的事，常被人忽略。平时工作的时候，我们只忙于处理领导安排的各种任务，常把时间用来加班做这样的工作，却忽视了工作外的阅读、学习，导致我们工作到一定阶段后，就会陷入瓶颈期，这就是因为没有重视给自己充电这件重要的事。

初三时，中考在即，我面前的作业堆积如山。如果把所有科目的作业都看作既重要又紧急的事，那第二天也做不完。于是我就把作业简单地进行了一下分类，语文、化学是我的软肋，英语、数学、物理是强项，所以语文和化学作业对我来说，是既重要又紧急的，重要是因为做好了它们，能比较迅速地提高成绩，紧急是因为第二天老师要检查。但是英语、数学、物理作业对我来说是紧急但不重要的。紧急是因为第二天要检查，不重要是因为对分数提高没有太大帮助。

所以我的选择是，每天先做好语文和化学作业，再做额外的练习题，然后做数学、英语等科目，最后是那些不重要又不紧急的，比如打游戏、闲聊天。

我用简单的时间管理，让自己中考前的复习有条不紊，最后顺利考上了理想的高中。

如何定义和区分重要的事？回顾你的人生终极目标，所做的事要围绕这个目标进行，与它结合得紧密的就是重要的事。而生活中，如果你的目标是成为别人可以倾诉的朋友，那聊天对你来说就是重要的事。而如果像我这样，想成为为别人解决问题的朋友，那在聊天中将问题解决才是重要的。因此，即使对于同一件事，每个人的定义也不一样。

去年500强企业面试题目中最有趣的考题之一是："你早上起来到公司打开电脑发现2000封未读邮件。你只能选择30封回复，如何判断？"题目没有标准答案，考查的就是如何去区分事物的优先级。

我们总是急于去处理那些自认为紧急的事，认为不做会有特别惨的后果。甚至觉得不及时接电话、回复微信就会有大麻烦，其实不然。我在新东方的同事M是一名部门主管，他每天早上第一个到公司，泡好一杯咖啡后开始从容不迫地处理邮件。当很多人拿着煎饼果子气喘吁吁地跑进公司时，他已经处理好上午的邮件，并开始安排新一天的工作了。

职场上的高效做法是，不必看到邮件就在第一时间要求自己回复，而应该集中在一个时间段去处理；接电话时尽量简洁回复，或者在不耽误工作的情况下延迟回复。这要求我们提前安排好时间，甚至控制自己的工作进程。基层员工一开始可能很难做到这两点，但真正成熟的职场人士，一定要学会这些工作技巧，还要学会优先用思路最清晰的整块工作时间做好一天最重要的工作。

真正牛的人会去做重要但不紧急的事，就是那些看起来不需要立刻做，但对长远有影响的事。而决定你未来高度的恰恰就是这些事。

## 如何化解美剧的副作用

当我第一次听俄罗斯朋友发出“sibaxiba”这个音时，感觉他用两种语言羞辱了我。“siba”是中文中“死吧”的意思，“xiba”是韩语中“去死”的意思。之后我问他：“你到底想说什么？”才明白，这哥们想说的是“谢谢”。

学习的语言越多，乐趣也越多。我学意大利语时，经典的大舌音“rr”总是学不会，曾经试过用喝水来辅助练习发音，喝到快把自己呛死了，才勉强领悟了一点精髓。翻开德语书，书中所有名词的首字母都大写，阅读时可以很快确定名词，明白文章大意。一个个首字母连接起来，好像看到的是一张德国人高效、严谨的脸。法语最浪漫，形容简单的心情的词也有数倍于其他语言的表达方式，让我这个平时总过分拘谨的人，也开始做些好笑的白日梦。

学习语言不但有趣，更有用。

90% 的人一生中只说一门语言，如果一个人学会了一门外语，他就成为 10% 的少数人，如果学会第二门外语就是少数里的少数。

很多人都希望自己能在外语上具有一定优势，特别是英语。有的人选择通过专门的培训，提高自己的英语水平，有的人则找到了另一个有趣的学习方法——看美剧学英语。但美剧看了不少，英语能力却未见提升，很多人开始怀疑，这种方法真的管用吗？

我的回答是：管用，但并不好。

任何语言，多看多听，总会有些帮助。但时间这么宝贵，而我们要学要做的东西那么多，任何有计划的学习和工作，都必须从时间场上去考虑 ROI（投入产出比）。只有这样我们才能利用有限的一生，做更多有意义的事。

学英语最高效的方法一定是通过不断学习、背诵来巩固，看美剧是好方法，但相对于需要为此花费的大量时间来说，这种投入和产出却不太成比例。

就好比通过吃蔬菜沙拉来减肥，蔬菜沙拉本身是很好的食物，但是吃多了也不行，因为沙拉酱的热量是很高的。吃多了不仅不会减肥，还会变成小胖子，就像看美剧一样，这其实并不是在学习，而是在满足自己的好奇心。

但这并不是说，一定要放弃这样一种学习英语的方法。因为看美剧学英语，同样有它的优势。除了能促使更多的人学英语，它还能帮助我们了解英语背后的文化和思维方式，并且，它基本不需要我们金钱上的投入。

弃之可惜的时候，我们可以分析一下看美剧学英语的ROI，这并不是一个不可改变的结果。我们可以减少时间的投入，让看美剧只作为学习英语的一个辅助工具。我们还可以通过掌握更有效的方法，来提高看美剧的产值。显然，后者是更让人期待的。

想要获得看美剧学英语最大的产值，第一步是了解自己的英语水平。实际上并非所有人都适合看美剧学英语，要想获得较好的学习效果，个人的词汇量必须达到2700个，这是美国语料库的研究结果。他们做了一个词汇的词频统计，有2700个词在90%的对话中会出现。这就意味着，想要听明白美国人讲什么，了解这2700个词是必要的。这个研究结果告诉大家，如果词汇量达不到，看美剧就是浪费时间。2700个单词是什么概念？高考英语需要掌握3500个单词，如果你已经高中毕业了，基本就可以。如果你还是初中生，想用看美剧学英语的方法，图个乐就好了。

第二步是要选择适合的美剧材料。并不是所有的美剧适合所有学英语的人。我把美剧分为三类，分别适合英语程度低中高档的三类同学。

英语处于较低水平的，建议看以《老友记》为代表的情景喜剧。情景喜剧的语速比较慢，而且每说一句都要停一下等观众的笑声。

《老友记》是所有美剧里最适合英语初学者的一部。《老友记》之于美剧，就好比蛙泳之于所有泳姿一样。先学会了蛙泳，然后再去学别的。如果蛙泳都不会，上来就学自由泳，很可能把自己淹死。看懂《老友记》以后再去看其他的美剧，会感觉很轻松。如果《老友记》都看不懂，看其他美剧只是自讨苦吃。

这部美剧我在大学里从头到尾看过四遍以上，基本上每一集发生的故事我都还记得，听起来有点夸张，但这确实是我引以为豪的事。所以，想提高自己的英语，想从美剧开始学英语的话，先从《老友记》开始吧。

有人会说，这部美剧太老了，过时了。如果你真的想换个口味，《老爸老妈的浪漫史》也是不错的选择。

这是第一个级别。

对第二个级别的同学，我建议看真人秀。这类同学的英语水平往往是可以说得出内容，但不连贯，需要一些更加地道的表达方法。真人秀里会有一些人们平时说话真正用到的语句。《美国偶像》不仅英语很好，还特别励志，很多时候可以激发出大家强大的想要改变自己的力量。对那些即将走上职场的人我推荐《飞黄腾达》，在这部剧里不仅有很多面试、工作常用的术语，还有很多在职场上需要明白的道理，就好比一个英文版的《杜拉拉升职记》，对职场生涯也是很有帮助的。同时，它的剧情很精彩，可以一箭双雕，一举两得。

第三个级别的同学，英语基本能力比较好，但在口语表达中的思考与逻辑还需提高。对这类学习者，我推荐《囧司徒每日秀》，虽然这是一档评论类节目，但美国总统都常去做客发表观点，所有的美国人几乎都听说过这个节目。要听懂这个节目，需要了解美国的时政和幽默，把自己置身于美国文化当中。一开始可能很困难，但看多了，你一定会爱上它。

还有人喜欢学术类的，比如 BBC 的各种纪录片，这些素材在提高你的英语水平的同时，还提高了自己的文化素养。

有些美剧虽然大家常看，但对于英语学习帮助不明显。

《生活大爆炸》在中国很火，但不适合口语学习。首先词汇太难，对于日常口语练习也没有帮助。有人说，我知道它不适合学口语，但那些难词不正好适合练习 GRE 词汇吗？我觉得也不适合，为了备考 GRE，还不如专门拿本词汇书去认真背。看剧学习的投入产出比太低了，图乐还可以，为了学习就效果不明显了。

再者，《越狱》也不合适，剧情太紧凑，就会导致你始终在紧绷的状态下，想着这个人什么时候死，那个人什么时候被干掉，根本没心情学英语。而且这种剧，你看了一遍，知道了剧情后就没心思看第二遍了。而且口音比较做作，模仿角色学出来的口语也会不自然。

最后一个，是我很喜欢看，但不适合学英语的——《破产姐妹》。这部剧虽然励志，但很多笑点是比较“三俗”的段子，如果你平时老说这种段子，在美国也不见得会受欢迎。特别是剧中的厨子，说的是东欧口音的英语，发音并不标准。

很多人可能建议你，看美剧一定不要看字幕，看字幕会影响听力练习。但正确的看美剧的顺序是：听懂、理解、记忆、重复。你会发现，不看字幕就会听不懂，很疑惑，一脸愁容。我们通过看美剧是为了增加学习英语的兴趣，可压根连剧情都看不懂，哪里还有兴趣去学英语呢？

我认为，不看字幕学英语的方法，适合15%特别有毅力的同学，对85%的同学来说，看字幕也是可以的。只要你学会如何正确地去观看。

看美剧，一定要看三遍，第一遍剧情为王，把剧情看懂就可以了，满足自己的好奇心，让你在看第二遍的时候，不会因为剧情有所困扰。第二遍要用笔和纸去记录那些你觉得非常实用，却不知道的表达方式。比如我在看《老友记》时，他们经常说“你真棒”，如果让我用英语说，我可能会用“You are so good”，但我在剧中听到的说法是“way to go”。我发现这是美国人常用的方式，就赶紧记下来。再比如说，我们走吧，我可能会说“let's go”，我发现剧中他们会说“let's bounce”，意思是“我们闪吧”。

通过这样的记录方法，你会发现在第二遍看的时候，能记下来很多内容。20 分钟的美剧至少可以记下十几个句子和 15 ～ 20 个单词，用于以后的英语交流中。

第三遍要听演结合，当你基本可以背出台词了，就可以对部分场景进行模仿。这样就能真正把这部剧的内容融入到生活当中。

这三遍不要连续去看，否则你会想死。如果你已经把《老友记》第一季全部看完，可以再看第二季，但一定要保证在一周之内进行第一季第二遍的观看。一定要这么去做，才有学习的效果，否则看了白看。

有追求的学习者，如果还想从更深层次提高自己的英语，可以从听、说、读、写四个方面来利用美剧。

第一个方面：“听”。听任何材料都分为两种，一是精听，二是泛听。精听就是保证每一个词都能听懂，泛听只需要听懂大意。精听是个很好的方法，但需要强大的毅力。一般来说，10 分钟的剧情做精听训练就需要 60 分钟的时间，如果语速比较快的话，不夸张地说，60 分钟可能都不够。我的建议是，每两天做一次一个小时的精听，不用做太久。

如果你时间有限，就把精听放在一边，仅做泛听就可以。泛听时要记住 5、1 、3 三个数字，就是每听 5 分钟，停顿 1 次，用 3 句话来总结这 5 分钟听到了什么，学会用自己的语言去总结。

最好的方法，大家有本事有胆量的话，是直接进翻译组做听译。

第二个方面："说"。口语怎么练习呢？

第一是通过美剧来积累你自己的语料库。没有输入就没有输出，如果你不通过美剧来输入些内容，那就相当于白学了。输入你的语料库吧，让自己的英语更地道。

第二是语音模仿。中文和英文最大的区别在于音调的基本单元，中文音调的基本单元是以一个字为主，而英文的基本单元是以一个句为主。hang 在中文里可以是"夯实"的"夯"，也可以是"杭州"的"杭"。英文的 hang 是"悬挂"的意思，并没有声调。所以，老外学中文总是掌握不好语音和语调，不分四声，他们说起来痛苦，我们听起来也痛苦。

英文不用一个词一个词标记音调，但句子却有自己的语调。特殊疑问句，语音向下；一般疑问句，语音朝上。很多中国人学英语，并不是每个单词的音发得不对，而是没有掌握好每个句子的语调。

用美剧练习英语，就需要多去模仿句子的语音语调。选一个美剧中自己喜欢的角色，去模仿他的语调，什么时候下降，什么时候上扬。当你说出的句子里，有抑有扬有顿有挫，你的英语听起来就会更完美了。

第三个方面："读"。反复阅读经典台词，甚至背下来是最好的。还可以进行扩展阅读，比如美剧所对应的原著小说，这无论是对于考托福、雅思，还是出国留学，都会有帮助。

最后一个方面："写"，写剧评。当你看完美剧，你肯定有强烈的想要表达自己的愿望，这个时候不要浪费时间，不要害怕，去写一个100～150词的剧评。这相当于写8～10句话，前5句话写一下这部剧什么内容，后5句话写一下如果你是主角，你会如何处理相关的情形。如果看完一部美剧你能写20篇剧评的话，你的写作水平绝对会有大的提高。

由此看来，听、说、读、写四个环节都可以通过美剧来提高。如果你真正能做到在这四方面都有提高，那就真的把看美剧学英语的ROI发挥到极致了。

每当犹豫、纠结是否要去做一件事时，也可以用时间的投入和产出比来衡量一下，这件事是否值得我们去做，或者我们有没有方法可以更高效地去做好它。

# 不要再为拖延症内疚了

网上有一幅哈佛图书馆里学生深夜学习的照片被疯转，照片显示：凌晨 4 点的哈佛大学图书馆里，灯火通明，座无虚席……图片配文写道：到了哈佛，你才知道真正的精英并不是天才，都是要付出更多努力的人。之后还有人写了一本《哈佛凌晨四点半》，作为哈佛大学送给青少年的礼物，想以此改变中国的万千学子。当然，去过哈佛的人都知道这并不是真实情况。

后来，一批神通广大的网友，经过一番艰辛的扒皮，确认了那张照片其实出自华盛顿大学，而时间也不是平常日子的凌晨 4 点，而是期末考试周前的晚上 10 点。大家都懂的，这个时间图书馆坐不满都不正常。在我们的大学里，每到了考试周，也会看到图书馆里一座难求的景象。也真的有不少同学在考试前一天通宵达旦地复习。

课业繁重固然是这些现象发生的原因，但考前突击更重要的原因，恐怕还是由于一种叫作“拖延症”的东西。每个学期的课程结束后，学校会留给大家两周的复习时间，但我们总觉得两周的时间长着呢，先玩两天再说，两天复两天，两天何其多？结果，一晃就到了考试周。这个时候，一大批学子就成了当下最勤奋的学生。两周考试下来，一个个累得眼圈发黑，肤色无光，只想把床板睡穿。

拖延症真的很让人头痛——想去做某件事，但是因为各种各样的原因，迟迟没有行动，直到最后一刻，才拿出拼命的精神，乱七八糟地做完。

很多人说，哪有什么拖延症，不就是懒吗？其实，懒和拖延还真不是一回事。懒的人，什么都不想做，什么都不愿做，饭来张口、衣来伸手也没有任何负罪感。而拖延症患者，有很多事需要做，也有很多事想要去做，却总要拖到最后一刻才做，内心有强烈的负罪感，很想改变。懒人，是已经放弃治疗的人；拖延症患者，是还在试图治疗的人。对患有拖延症的人来说，想治而不得治，最痛苦。

现在假设你需要在放在地上的一块又长又宽的木板上走过，木板宽2米长10米厚0.5米，你肯定会走，甚至你还会唱着歌非常霸气地走过去。但如果场景变化一下，两栋5层楼高的房屋之间悬空放着这块木板，你可能会掉下去，摔得粉身碎骨。你需要做的任务没有变化，但失败的代价增大了，这个时候你就会开始拖延了，开始想，走还是不走，怎么走。

这时A楼突然着火了，不走你就会被烧死，这个时候你不会再有什么顾虑、犹豫，会马上拔腿向B楼走去。过去后会感觉到so easy，爸爸妈妈再也不担心我走木板了，你还会想，我为什么不早点走呢？这就是大部分人拖延的心理过程了。一件并不是很难的事，因为大部分人把它想象得特别难，认为失败了就会有很严重的后果，就开始心里害怕、抵制，直到最后不得不去做的时候，才会视死如归地去完成。

回想我们小时候，哪里有什么拖延症。想吃就吃，想玩就玩，肆无忌惮。为什么长大了，拖延症就缠上了我们，不休不止呢？这是很多人内心的天问。

在我们不断长大的过程中，人开始变得不再纯粹，事也变得不再纯粹。这样一组等式出现了：

$$\times\times\text{事}\begin{bmatrix}=\text{你的成绩}\\=\text{你的能力}\\=\text{你的表现}\end{bmatrix}=\text{你}$$

我们把某一件事等同于自己的能力，等同于自我的价值。这就导致我们不断给自己压力，把自己变得物质化、标签化。一个自己说：我一定要表现得特别好，成绩特别好，工作特别棒才行。另一个自己却说：我可能做不到。两个自己开始打架，于是那个高高在上的你，总是瞧不起那个在下面并不完美的你。两个你分离得越开，拖延症就会越明显。

知道了拖延症的原理，如何去克服呢？

首先，我们要改变和自己对话的方式。你会发现大部分有拖延症的人，经常会说，我不得不去，我必须得怎样怎样，没时间享受生活，真的非常痛苦。这样的对话方式会让你心里的两个自我分离，一个说你赶紧去做什么，一个说我不想去做，最后变成了我必须去做。如何改变呢？从今天开始，每次你想说我必须去做的时候，把它改成我想去做，我选择去做什么。一个简单的语言的变化，就会让你心里的那个自己有更好的自主权。

其次，我们可以一开始就做好最坏的打算，如果木板没办法像石桥一样牢固，就在它旁边建一个安全网，这样你从 A 楼走到 B 楼就不会特别害怕了，反正掉下去也不会特别惨。现实工作中，你可以尝试想象下事情做不成最差的结果是什么。很多时候我们会不由自主地把后果不断放大，才导致心理压力特别大。有时我录制《酷艾英语》，会担心万一我讲不好怎么办，万一我胖了怎么办，我的这些观众是不是就不喜欢我了。但后来我想，就算我胖了一些，就算录得不怎么好，还是会有一些人喜欢我的。这样一想，我就会开心一些，就算没人支持，我自己和自己聊天也是好的。就算这次不是最佳状态，但起码我迈出了第一步。所以下次，你也可以试着问一下自己，这项工作就算做不好，那又怎样。

你不需要成功，只需要尝试就好了。如果所有人都想一蹴而就，一下就成功，那世界就不会如此多彩了。如果爱迪生想一次就把电灯泡的制作材料找到，他未必能真正成功。如果所有作家想的是，出版的处女作就达到世界名著水平，那也不会有浩如烟海的文学经典了。任何的进展都是在不断修正中发生的，任何成绩都是在不断尝试中得到的。

一个人最大的痛苦来自未完成任务而产生的持续的焦虑，以及在最后一刻完成任务而觉得任务没做好的负罪感。

你并不等于你的工作，克服拖延，尽力就好。

# 你的爱好也许是一种腐蚀剂

问他：在干吗？

回答：DOTA。

信息：在干吗？

回答：DOTA。

电话：在干吗？

回答：DOTA。

很多女生在网上哭诉，自己的男朋友一天到晚玩 DOTA，陪自己的时间越来越少，很想分手，但一想到因为一款游戏分手，就感到难以接受。

很多男生在网上忏悔，曾经因为玩 DOTA 而错过了一段感情，如果上天可以给我一个再来一次的机会，我想对她说，我爱你，如果非要为这段感情加一个承诺的话，那就是，我再也不玩 DOTA 了。

还有人说，如果你遇到一个男生在玩 DOTA 的时候回你信息，那你就嫁了吧。

自DOTA从欧洲传入中国，便开始在男生世界里风靡。虽然近年来各种单机、网游、桌游层出不穷，但唯有DOTA一领风骚近十年。

没有玩过DOTA的人，始终搞不懂它的魅力在哪里，为什么它能让这么多男生废寝忘食，不眠不休，甚至与女友一拍两散。

一度痴迷于电脑游戏的我，对这种沉迷的后果感同身受。

初中时，老师就曾经告诫痴迷游戏的我："不要让你爱的事物害了你。"那时我并没有理解他的深意。

那时候，我曾经连续一周每天玩游戏到半夜3点，为了怕灯光从门缝漏出去，我用衣服把门缝塞得严严实实，这样，父母就不会发现我在玩游戏了。

我一度喜欢上了《勇者斗恶龙》系列，但当时只能在家里的步步高DVD上玩，由于DVD不能存储游戏，也就意味着不能关机。由于是在寒假，反正也不用出门上课，我想到一个非常绝的方法——把唯一能暴露DVD开机状态的红灯用胶布贴起来。自从用了这个方法，妈妈再也不用担心我玩游戏了。

但是，我的家里还有个聪明的妹妹，我这些诡计总是很容易被她给识破。于是我只好用零食和其他贿赂方式让她保密。就这样，整整玩了一周才关了 DVD，关之前我用手摸了一下机身，烫到不行，感觉机子都差点儿自燃了。

为了玩游戏，我和父亲争执不断。他希望带我去附近的景区玩，我就想待在家里，他当着我的面掰碎了游戏盘。越是明令禁止，我越是不听。

高中时，我报了学校周六的一个电脑培训班，时间是早上 9 点到中午 12 点。但为了玩游戏，我告诉父母，培训要到下午 6 点结束，因此我可以正大光明地晚上七八点回家。你一定猜到了，下午的时间，我去网吧参加了游戏“培训”。

进入北大后，我发现玩游戏的知音并不难觅。宿舍一位室友来自银川，他也非常喜欢暴雪出品的游戏，尤其是《魔兽世界》。

好在，我在高中时养成一个习惯：绝不在自己的电脑上装游戏，即使现在也一样，因为我对自己的游戏瘾非常了解，一旦装了游戏我一定会玩得停不下来。室友没有听从我的劝告，认为自己的自控力很强，只会偶尔玩玩游戏，于是在自己的电脑上下载了游戏。一开始他确实还能控制自己，但后来却逐渐失控，开始了通宵达旦、不眠不休的游戏生涯。到了期末，8 门科目，他挂了 3 门。北大和清华最大的区别是，北大的老师从来不管宿舍是否有电脑。而清华大一上半学期宿舍不允许有电脑，大一下半学期可以有电脑但没有网。北大强调的是自由，要么自由地生活，要么自由地死。

而自由的代价就是挂科挂多了会被劝退回家。

有一阵，他深恶痛绝自己沉迷游戏的行为，把电脑锁在宿舍柜子里，上了两把锁，直接把钥匙扔掉，说要破釜沉舟，打死也不玩游戏了。当时，我由衷地佩服这哥们儿的决心，是条好汉。但好景不长，不到一个星期他就拿着非常巨大的剪子把锁打开了，理由是要用电脑写论文。再没过几天他故态复萌，又开始玩游戏了。

我后来发现，如果只是用这种强烈逼迫自己的方式去戒掉网瘾，就好比一位教授提倡用电击治疗网瘾一样，其实并没有真正改变人的思想，也改变不了人的行为。真正治疗一个人对不好的东西成瘾的方式是让他在其他事情上得到更大的成就感，否则他就会陷入错误中，无法自拔。

尽管吸取了舍友的教训，大一时我还是有段时间沉迷于电脑，并且拖延症发作。由于学习压力大，我就通过玩游戏来解压。虽然不在宿舍玩游戏，但会去网吧包夜，曾经有一个月时间，只要有空我就会跑去玩。除了玩游戏，有时看美剧也会看一整夜。北大门口有个网吧，肯定毁了无数学生的人生梦想。大学旁的网吧对男生的吸引力就好比附近的服装店对女生的吸引力一样。现在，大家给我的标签是“阳光暖男”，但如果当时你遇到网吧里蓬头垢面、一身二手烟味道的我，肯定会想自戳双眼。

后来，我选择了远离网吧。

如果你爱某样东西，就不要让它成为你日后后悔的理由，爱之必以其道。我确实热爱游戏，但正是因为这份爱，我不能让它成为自己生命中遗憾的来源。

“摄影穷三代，单反毁一生。”“一入佳能，欲罢不能。一入尼康，无人生还。”这是单反持有者的一种调侃。我的一位朋友就是先买了单反相机，然后陷入了不断换镜头的循环。第一次买了佳能 450D 这种入门级单反后，他兴致勃勃地来给我看新拍的照片，大谈光影变化等专业术语。后来，他每次来都跟我讲“鱼眼”“LOMO”，他说得兴高采烈，我听得云山雾罩。与此同时，他也源源不断地购买新的镜头和升级设备，收入不高的他几个月内就投入了七八万，还借了我两万块。经济的拮据让他无法再花时间和金钱去做其他更有益的事，摄影成了他生活中唯一的爱好。

戒掉任何一个不良嗜好都不容易。我戒掉游戏瘾也是因为那次在网吧的濒死体验。但如果真的决心戒除的话，也还是有一些方法可以帮助自己的。比如你可以参加互助组，和有相同感受的朋友们一起分享感受，互相鼓励。

《纸牌屋》等很多美剧中出现过人们参加互助组的情节。极富盛名的 AA meeting（全称是 Alcoholics Anonymous Meeting）就是在美国很常见的戒酒互助会。

每次的互助会会有一位领导者维持场内秩序，选择一个相关的话题进行讨论，参与者可以在这个气氛下相对坦白地讲出自己的上瘾经历或者困惑，寻求同伴的帮助。大家也会对他的积极行为给予肯定和鼓励。经过一段时间，参与者之间通过紧密联系形成互助。

人生就像吃自助餐，如果一开始狂吃面包把胃填满，那后来的海鲜、生鱼片也就无法品尝了。如果你在需要奋斗的年龄，痴迷于在游戏里开着极品飞车在纽约飞驰，那就失去了积累实力真正去纽约观光的机会。

爱好是人生的调味剂而不是主菜。餐前沙拉再好吃，也要把胃留给真正的主食。

CHAPTER 05 ／

# 如果你想走得更远，请与人同行

“你的财富在伊斯法罕，你去拿吧。”

# 不可或缺的他者

从前在开罗有一个人，他在自家花园里的一棵无花果树下做了一个梦。梦中，有一人来拜访他，这个人浑身湿透，从嘴里拿出一枚金币，对他说："你的财富在伊斯法罕，你去拿吧。"这个人果然按照梦境的指引，踏上了前往伊斯法罕的道路。晚上，他宿在一个清真寺里，碰上当地巡逻队队长率领官兵来捉拿盗匪，结果盗匪没捉到，却将这个从开罗来的冒失的年轻人捉去审问。巡逻队长问他为什么要到伊斯法罕来，他就向队长讲述了那个梦。队长听了哈哈大笑，笑得把嘴里的臼齿都露了出来。队长说，你太傻了。我一连三天都梦见开罗的一座房子，庭院里有一个花园，花园里有一座日晷、一棵无花果树、一个喷泉。无花果树下面埋着大笔的财宝，但我是不会去理会这些荒诞的梦的。从开罗来的年轻人吃惊地发现，队长梦中的那个庭院正是自己在开罗的家，于是他就回了家，从自家花园的无花果树下挖出了一大笔财宝。

这是作家格非经常提到的一个故事。他认为，我们只有在与他人的参照中，才能发现我们自己，才会知道，自己拥有什么特别之处，而正是这些特别之处构成了我们自身的财富。就像一个女性，只有在碰到第一个男性时，才真正知道自己是女性。

与我们有巨大差异的人，就是我们人生中的“他者”，他们既让我们观照自己的优缺点，也让我们在反观他人中不断地成长。有时，因为彼此的价值观分歧太大，我们常常看不到他人对于我们的意义，把他们当成了自己的死对头、绊脚石。

看一个女人的生活是否精致要看她的手，看一个人的格局要看他的对手。古代战场上的名将，虽然双方打得你死我活，但是真正有风度的人，依然会将对方待为上宾，毕竟英雄之间惺惺相惜，旗鼓相当的对手并不多。就像三国时，虽然蜀魏交战厮杀得你死我活，但关羽战败时，曹操却对他以礼相待，有情有义。

我喜爱的美剧《摩登家庭》中，有句话很经典：“一个成年人不该有自己的死对头。”“死对头”在英文中的说法是 nemesis。

人长大了就应该学会一笑泯恩仇，还像小孩一样和别人较劲过不去没什么意思。这些道理大家都懂，但大部分人还是无法克服性格中的狭隘和自我。

我在工作中就曾经遇到过这样一位“死对头”。身高 175、体重 72 公斤的我，在工作之初遇到的这位对头，是一位身高190、体重是我两倍的来自拉斯维加斯的美国壮汉。当时我在北京新东方学校中学部“酷学酷玩”夏令营担任中方教师负责人，而合作伙伴就是这位比我年长将近20岁的S先生。

我和S先生，一开始相处融洽打成一片，后来却快打了起来。我这个“假老外”，有很多近似西方人的素质，热情、思想开放，语言交流也没问题，一开始和S先生交流非常愉快。后来我发现，即使再怎么像老外，我也不是真老外，在很多理念和做事方式上，与真老外S先生有很大分歧。

后来发生的一件小事让我和他结下了梁子。

夏令营时，所有中方老师上课被要求写非常详细的教案，外教老师的教案却很简约。外教资源本来就稀缺，无法过分严格要求他们。但我和S先生开始并没就这一点进行沟通，我们看了对方的教案后都十分不满。我觉得S先生太偷懒了，S先生则纳闷为什么要给中学生讲那么难的知识点。

因为教学理念的不同，我们两个开始了小摩擦和辩论。后来，大家逐渐明白，我们都属于头狼性格，充满了权威感和攻击性，在一起就像两头头狼进行对抗，无论做什么事，几乎都会对着干。面对总爱欺负别人的老外大叔，我表现出了对抗到底的精神，就算和外国人吵架也不能落了下风，不能吃亏，自己口语不错，于是每次都会用英语和他据理力争。

我们总是吵架，但又不想因为吵架影响工作。于是我们又默契地形成了一个约定，每次吵完架，一起喝杯咖啡，谈谈有趣的事，一笑泯恩仇。可过不了几天，我们又会如法炮制，小吵大吵，吵个不停。

“一个人是由让他生气的事来决定其胸怀的。如果一点小事就让你生气的话，那肚量肯定不够。如果一件很大的事才让你失态，那说明你心胸还是比较宽的。”每次我劝S先生别生气时，就引用这句话。他听了更气了，说:“你个小屁孩，还敢跟我讲道理，这明明是我告诉你的。”

有一次我们俩约好休战，一起去吃顿饭，吃到最后两个人又产生了矛盾，甚至在饭店里互相人喊。周围的人听不懂英语，估计也纳闷这俩老外在搞什么。其实每天和他吵架，我的心情也大受影响。吵赢了就开心，吵输了就垂头丧气。这其实是所有有死对头的人都会遇到的现象，那个你最厌恶的人，居然成了你生命的主宰。你总是用一颗对立的心和他对着干，他却在不知不觉中成了你思想的“主人”。

但你也会发现，在不断的“相爱相杀”的过程中，真的可以调整好心态，也可以获得很大的成长。在与S先生对战的那段时间里，我发现，我的气场、逻辑思辨能力，以及英语口语能力，都有了突飞猛进的发展。过去我只是顺着自己的思路，逻辑清晰地用英文把问题讲清楚，后来即使在情绪不平静的情况下，我也可以用英文说出想表达的各种内容。即便在被一个体重150公斤的外国大汉大声呵斥后，我也毫不畏惧，敢于进行面对面的质询。

现在回头来看，我特别感谢S先生，尽管有争执，但他对我做的一切，是面对面、开诚布公地对战。我们走上社会以后会发现，当面提出问题的人越来越少，而在背后议论甚至玩阴招的人越来越多。

从S先生身上我也学到了很多职场智慧。他是一个很好的管理者，永远都不轻言放弃，非常注重细节，能发现很多别人忽视的问题。

在中国，很多时候人们只注重口头承诺，一些重要的事常常不落实到纸面上，导致目标无法达成时也无从追究责任。而他做事就喜欢白纸黑字写下来，用英语写成法律条款一样严谨的文字，这样就避免了日后扯皮的问题。

即使在我们争论过的教案问题上，我也发现S先生的考虑有他的道理，过早接触那么难的知识，常常会打击学生学习英语的兴趣，而这也是中国教育的现状——不注重启发学生对于学习的兴趣，而喜欢逼迫孩子去学习，让孩子对学习产生痛苦、逃避的心态，不能达到预期的学习效果。

这一切，都帮助我成为更加优秀、成熟的人。S君，无论你现在身处何方，我都想对你道一声：“谢谢。”

# 那些杀不死你的，让你更强大

在《酷艾英语》感恩节专题中，我曾经说过："当你比别人优秀时，别人会羡慕嫉妒恨；当你比别人落后时，他们会嘲笑鄙视损；当你和别人差不多时，他们可能就会八卦你的是非。"

不要怀疑为什么他人会这样，这就是人性，也是残酷的真实世界。没有完美的世界，我们只能去适应这种不完美。我们每一天都要遭遇各种板砖，与其想着如何躲避，抑或是幻想练好"空手接白刃"的绝世神功，不如接好每一块砖，用这一块一块的砖，来为自己砌出一个强大的世界。

身边有一些刚入职场的朋友经常抱怨，为什么会有人不喜欢我，在背后给我扎针、穿小鞋。他们对此百思不得其解，更找不到摆脱困境的方法。

没有人能让所有人满意，尤其是有利益关系时。到了职场上，有些争斗几乎是"你死我活"式的。除非你亲爹或者干爹是某某人，否则几乎所有职场小白都会在蘑菇期被老员工欺负，被上司忽略，少数能脱颖而出成就自我，大多数只能碌碌无为成为随时可以被替换的螺丝钉，更惨的那一部分，在入职不久就被清理出场。

我的一位记者朋友小Y，就曾承受过一切你所能想象到的“砖头”。

本科、硕士都在一所名校就读、毕业时的优秀成绩、亮眼的实习履历，让她在初入职场时充满了自信，也令她对世界充满了美好的想象。然而到新单位的第一天，她就被几记王八拳打得晕头转向。

到单位报到时，小Y满怀期待，想和同事们早日打成一片，虚心请教，做出有理想有温度的好新闻。领导为她指定了一位已工作几年的同事A，让她跟着学习。

第一次跟A出去采访，小Y兴奋不已，认真做了录音，回来花了一整夜整理好文字，希望能帮到同事。同事A告诉了她文章的标题和方向后就看起了自己的连续剧。不到1小时，A突然叫来了领导，指着小Y正在写的稿件说：“您看，这就是名校研究生的水平啊？我让她写个文章，她写得文不对题，还写这么慢。”

小Y回忆说，自己当时惊呆了，A说的完全是另一个题目！何况就是业务能手也不可能在一小时内完成一个4000字的特稿。刚要解释，领导失望地看了她一眼说：“还得多努力啊。”然后就飘然离去。

接下来，小Y不时会接到同事布置的各种任务——中秋之夜不许回家，在办公室写一篇第二天不会见报的文字；半夜12点被要求给电视台打电话核实一个慈善晚会的细节，而那些细节根本不可能出现在新闻中。至于稿子被改得面目全非，精华部分被删掉，只剩下几句干巴巴的话变成200字的豆腐块新闻更是家常便饭。无论是因为病痛还是亲人生病，只要拒绝某项任务，就会有人去告诉领导：这个新人又懒又不听话。

有一次深夜，A临时通知她打车去郊区采访一位名人，这位名人路过当地，马上要飞走，只有这一小时有空。然而等她赶到时，又被告知，不需要做这个采访了。当时作为实习记者月入不到900元的她，在交给司机80块打车费后，累得没有力气生气，默默回家。

大部分新闻的领域都早已划定格局，小Y就是知道消息也不能去碰。她每天都在找题目做，也在反思自己待人接物的问题。她想不通，自己在大学受导师器重、同学喜爱，怎么到了职场立刻变成了同事口中刻薄无能的人。她也想不通，自己辛苦工作两年，没有休息过一个周末，白天被呼来唤去，夜里回来兢兢业业地写稿子，累得要死，收入却依然微薄。而那些天天在办公室看视频，采访不认真直接用通稿的同事却可以轻松月入过万。

“研究生有什么了不起，要是让她留下，日后还有咱们发挥的空间吗？再说她有本事别写豆腐块，去采访杨澜、白岩松啊，听说还在电台实习过，开档高端访谈节目啊，在这儿显什么能耐？”一次偶然在卫生间听到同事A对她的一肚子怨气，这段话改变了她。

既然处于不被认可的蘑菇期，想得到认可，想要从那些意想不到的漫天板砖中突击，就要做出双倍于别人的成绩，开拓出自己的领域。而在无背景、无资源的情况下，要做到这一点，就需要付出超出别人至少四倍的努力。

领导给小Y指派了一个几乎难以完成的工作，让她去采访当时处在舆论风口浪尖、很多老牌媒体的资深记者都很难约到专访的相声名家。这对于一个媒体新人谈何容易。

小Y想起了自己曾经采访过的和大腕相熟的艺人朋友，两人相识于微时，他称赞说："你是所有来采访我的人里，做功课最多的人。你采访我时，我名气不大，但你却连我几年前微博上的文章都能背得出。"

在这位朋友的帮助和引荐下，她联系到了大腕的朋友和经纪人。采访出奇地顺利，根本没有传说中的难搞，大腕十分配合，爆了很多猛料，两人相谈甚欢。大腕不知道的是，她提前一个月就开始准备了，除了睡觉其余时间都在补课，不但看过几乎所有网上能找到的纸媒和电视访谈，连"蒸羊羔、蒸熊掌、蒸鹿尾儿、烧花鸭、烧雏鸡、烧子鹅、卤猪、卤鸭、酱鸡、腊肉、松仁小肚儿……"这类贯口都能脱口而出。

当同事又拿出演出主办方乏善可陈的通稿准备发新闻时，小Y的专访让所有人眼前一亮。

当你在起步之初，在没有认可、没有鼓励，甚至是在重重阻力下能给出一份足够漂亮的答卷时，也就迈出了自己被信任和认可的第一步。

按照畅销书和电视剧里的情节发展，这个时候她应该遇到一位贴心的上司，闹不好还是何以琛那样的高富帅，看到她的努力和坚持，毅然决定支持她的工作，从此，过上了幸福的生活。

生活不是童话，接下来她还要一路打怪，应付挑剔至极的直属领导。而这位领导可不像《爆裂鼓手》里的麻辣导师，责骂的本意也不是要帮助新人成长。

接下同事的板砖，可以练就职场工作需要的能力；接下领导的板砖，可以锻炼处事周全的心性。被人拍多了板砖，只要不倒下，也就锻炼了更强的抗击打能力，拍拍更健康。

几年后，小Y专访了几百位大咖，和他们中的一些人成为了生活中的朋友，有了自己固定的高端访谈栏目。工作之余她用自己的影响力做了很多慈善活动，也靠自己的能力买了车子房子。那些过往的艰辛也成了节目里有趣的谈资，她说来云淡风轻，偶尔说起自己当年受的委屈，像是在聊别人的故事。甚至，她已经顾不上讨厌和针对A，因为有太多重要的事要做。她成了那个不可被替代的人，而A仍然是行业内那个可有可无的“通稿记者”。

“你知道吗？在大学演讲时，有同学问我工作中最艰难的时刻是什么，以及是如何度过的，我只讲了几个小故事，还没有讲那些真正辛酸的例子，已经有人哭了。他们想不到世界可以那样残酷。可我觉得，那些刁难反而加速了我的成长，我从没想过自己可以那样坚强，可以解决那么多预想不到的问题。事情总有解决的办法，如果没有做到，只是还没有找到那个对的方法。这是我为自己总结的人生之道。”一次聊天时，小Y这样告诉我，那一刻她的眼中隐约有泪。

生活中，职场上，会遇到各式各样的板砖，那些板砖从四面八方一块一块地朝我们扔来，猝不及防，砸得我们生疼生疼。

无论你是据理力争还是哀求讨饶，都无法让那些板砖停下来。解决的方法只有一个，就是把那些扔向自己的砖一块一块地捡起，垒起来，站上去，站到更高处，成为别人仰望的风景。

# 在残酷的世界里温暖地活着

“这是最好的时代，这是最坏的时代，这是智慧的时代，这是愚蠢的时代；这是信仰的时期，这是怀疑的时期；这是光明的季节，这是黑暗的季节；这是希望之春，这是失望之冬；人们面前有着各样事物，人们面前一无所有……”

这段出自狄更斯《双城记》的话，曾被很多人引用。但打动我的却是小说中的主人公卡顿。最初的他悲观而又冷酷，“我不关心世上任何人，也没有任何人关心我”。露西的出现，像一束光照进他漆黑一片的心。他自知没有资格去爱露西，但仍愿意为她付出。他可以为露西做任何事，包括献出自己的生命。最后，他代替情敌走上了断头台，用生命为所爱之人换来幸福。

比起冷漠地活着，卡顿在死去的那一刻是幸福的，爱给他的生命带来了光亮。很多时候，我们抱怨世界残酷，其实正是内心对爱和温暖渴求的反射。

抱怨世界冷漠的我们，就像抱怨无人关心的卡顿一样。露西改变了他，她的温和、友善，融化了世界的残酷，也融化了他内心的坚冰。

我们似乎都在等待，等待一个“露西”闯进我们的世界，让我们的世界不再寒冷。我们等啊，等啊，却从来没有去想过，为什么我们自己就不能是露西呢？当我们自己成为露西的时候，我们的世界不就充满爱与温暖了吗？

2014年8月，一位女士在佛罗里达州的星巴克咖啡店发起了一项爱心活动：为下一位陌生人买一杯咖啡。

那个星期三的早晨，这位女士开车来到星巴克咖啡店的外卖窗口。在点了一杯冰咖啡后，向店员要求支付在她身后排队的陌生人的咖啡账单。当第二位客人意外地获得这杯免费咖啡后，决定将这个善举延续下去，也支付了下一位陌生人的咖啡账单。自此，这个爱心链条被一位又一位的陌生人传递下去，延续了三百多人次。

想象一下，当我们把买来的咖啡送给自己所爱的人时，爱人露出的笑脸。再想象一下，当我们把买来的咖啡，送给自己的同事时，他该是多么惊喜地向你不断道谢。

一份付出，换来两个人的快乐。

如果每个人都这样去做，这个世界还会是残酷的吗？

以前的我也曾因为朋友的伤害、他人的冷漠，而对这个世界产生不满与怀疑。

但当我在父亲的葬礼上看到，五百多个人从外地赶来，他们每个人都悲伤无比，满含着对父亲的敬意。听着他们对父亲的感谢，我感到了一种震撼。后来，整理父亲的遗物时，看到父亲在日记里写下的每一次帮助别人后的那种幸福，我才知道我应该像父亲一样，不断地给予，在帮助他人当中获得快乐和满足。

我就这样乐此不疲地成为了一个“暖男”。在工作的时候，我喜欢给同事带一些酸奶和苹果，让他们在繁忙的工作中补充能量、消解困乏。因此在新东方得到了一个“酸奶工”的外号。去见朋友，甚至是不熟的人，我也会给他们带一点贴心的小礼物。礼物不在大小，但每个朋友收到的时候，都会由衷地感到开心。我希望，世界因为我，不再是冷漠而残酷的——愿我所见之人，所历之事，哪怕因为我有一点点的好的改变，我就心满意足了。

2013 年 8 月，我在微博上发起了“酷艾英语早起团”，只要连续 21 天在早上 7 点前起床并翻译一段英文，我就会自费送出礼物。2014 年起又陆续创办了读书团、健身团。一年半时间里，我寄出了几千份礼物，加上邮费，花了十余万元。

我做这些事，完全没有商业目的和收益，完全靠自己每日每夜工作的收入来支撑。因此，这也受到了不少质疑。

在这个世界，人们已经习惯了冷漠，因此当有人“特立独行”的时候，大家反而会去猜测、去怀疑：这个人是不是有所图谋？这个人是不是脑子有病？

或者还有一种人，则利用他人的善良，为自己图谋私利。

2014年，我开始在微信上做听力团、词汇团、口语团的课程，辛苦准备视听教学资料，连续49天推送，收费只有不到200元。而且为了表示诚意，这些课程如果学生觉得不满意，可以任何时间全额退款。令我始料不及的是，不少人真的会在课程最后一天退款。

刚遇到这种恶意退费骗课时的人时，我也会生气，我也会想，世界上怎么会有这样的人?

善良会激发善意，而当一个人的善意遭遇他人的恶意，便是对善意真正的考验。我被“骗”去几堂课、一些学习资料，自然遗憾。但如果自己的善良被骗去了，应该是更大的遗憾。况且，如果那些学生真的因为这些课程而有了进步，也达到了我教学的初衷。每每心里不痛快的时候，我就会看一看那些好的反馈，看看那些我给别人带来的好的改变。

我想，有些时候需要把别人对你的好存下来，当你受苦受难时，打开美好的记忆回顾一下，就会重新对人性产生温暖与信任。这就是在这个残酷的世界里，暖男的生存之道。

做这样一个暖男，似乎总是吃亏。不过正所谓“吃亏是福”，当一个人决定成为露西的时候，他就真的拥有了别人偷不走的阳光。

# 人生有时只差一个顿悟

不知何时起，“任性”变成了大家的口头禅，有钱任性，有权任性，有颜值任性，恃宠而骄任性，总之，这是个任性的社会。

但真实情况是，我们不能那么任性，至少在与人交流中不能那么任性。小时候，我们可以各种任性、哭闹，毫不保留地用真面目示人，只要表现得天真烂漫就会讨大人的欢心，有糖吃。长大了，要是还以真性情为理由口无遮拦，说话不走心，别人给我们的就不是糖而是脸色了。

我曾经就是这样一个任性的老男孩。刚工作不久的我，总觉得只要把工作做好，不用管其他事情就可以获得上级的赏识，升职加薪，走上人生巅峰。却不知道，工作并不是简单地做对事，更需要做好人，与同事、上级下属相处，与合作伙伴沟通，都不是一句“我乐意”就可以解决的。所以，我的任性，不过是年少无知，经常冒犯了别人，自己还不知道。

刚到新东方工作参加集团培训时，作为一名新老师，我迫切地想融入团队，中午和一群同事一起吃饭。旁边坐着一位看起来也是新加入团队的外籍老师。他个子不高、微胖、大胡子，我在一旁无意中听到他和别人交谈，用的是伦敦腔，我感觉很有趣就跑过去跟他闲聊几句。一开始的交谈很常规，我问他从哪国来，来了多久，为什么选择在新东方工作。没聊几句，我就回归到了中国人聊天的传统思路。虽然自己没追到女生，我还是问他："你也 40 岁了，结婚了吗？孩子多大了？"他简短地回答："没有。"明显他有些不高兴了，我却没察觉出他的不满，又接着问："你不着急吗？家里没人催吗？"老外当时就生气了，拉下脸说："我的私事和你有什么关系？"我们俩四目相对，不知道如何把话题继续下去。

当时的我默默地想着，这个老外脾气真冲。显然，我完全没意识到自己的问题。

这种"不知不觉"，说到底就是"情商低"。为此，我也付出了自己的代价。尽管当时我的教学成绩不错，但最终仍然被解雇了。我默默收拾完东西，抱着盒子走在回家路上，不禁在想，自己是否选择了对的行业，是否应该去尝试做其他工作。

回到家，跟家人聊天时，我才意识到，很多时候正是需要这些所谓的打击，人才能正确认识自己。人就是在这种反省当中成长的，而这种反省绝对是痛苦的，人只有在痛苦当中才会醒悟，任何顿悟都需要痛苦的代价。如果一直处在顺利、和谐、平和的环境中，自我认知就不会那么深刻和准确。

所有人情商的发展都可以分为四个阶段，分别是：不知不觉、后知后觉、当知当觉和先知先觉。

一开始我们说话都不太注意，不知不觉可能就伤了别人的心，自己还感到莫名其妙。当别人过来找你理论的时候，我们还会感到委屈，觉得自己没这个意思啊，是别人太小气了。

后来，我们会做到后知后觉，做了某件事说了某句话之后，自己会发现这样说、这样做有些不妥，告诫自己以后不能这样。

在新东方，我教的是听力口语课程，自我感觉比较高端，内心觉得考试类课程比较低端一些。但出于礼貌，在交流中我很少表现出来。有一次我听到其他老师在网络课上说："教考试类课程的老师，应该多去考几次，最好是原来分数比较低，通过几次考试，分数一点点提高，这样显得比较靠谱，他会通过自己的实践经验告诉你提分的技巧。而一上来就考得非常高的老师，可能是原本能力就比较强，对考试本身的研究相对就少些。"听了这个说法，我觉得很有道理，特别想把这个经验分享给一个我认识的教考试类课程的老师。

于是，我跑过去对他说："你看，我就教不了你的这门中考英语，因为我中考一下就考得很高，一般来说是考得比较低的人慢慢考高的话会教得更好一些。"当时这位老师出于礼貌，也没有表现出什么异常。但后来却对我表现得更加客气、回避。而我自己是足足过了半年才意识到自己的错误，正是那句无意中说出的话在那位老师的心里打了一个结，而之前我说错的话想必也不少。

当知当觉，就是你想说一句话，嘴巴刚要张开，就意识到不对，这话不能这么说。生活中最常见的一个场景是，当你看到你的朋友胖了，觉得无论为了美观还是健康都应该劝他多运动时，如果你一上来就说“你胖了”，就是所谓的不知不觉。说完之后，发现他有点不开心，赶紧去安慰，就是后知后觉。而当你发现他胖了，但你不直接挑明，转而说别的话题，忍住没有评价他的身材，这就是当知当觉。

情商修炼的最高段位是先知先觉。到了这个段位，你就会提前预感到这家伙肯定会吃胖，为了让他不难受，同时又为了他好，你可以不经意地说：“最近过得怎么样啊？这周末我要去游泳，有空一起去吗？”对方根本不会意识到你的目的是改善他的体重问题，欣然答应和你一起去运动，问题也就迎刃而解了。能做到这一步的人，就可以真正在人际关系中游刃有余，任性而为而不逾矩。

我算是一个靠口才吃饭的人，但我也不是在每种场合下都能找到无限的话题。刚开始我打破冷场的方法就是不断去说话。然而言多必失，总有有口无心的时候。后来才懂得，不会说话就不必急于说话，急于表达的内容往往并不是自己内心想说的，一片好心可能经过你糟糕的口才和对方心情的过滤就变成了不好听的话。说话之前，先察言观色，观察对方的心情做出判断，这才是成熟的人的标志，这就是当知当觉的方法。还没开始说话，先观察周围人的动态，了解他的过往和现状，说话时适当代入，我们便能逐渐做到先知先觉、愉人愉己了。

所谓情商高，表现在人际交往上，就是要多观察、考虑他人的感受，体谅他人的感受。这并不是刻意巴结，而是为了彼此都更愉快，关系也更和谐。任何一个职业是否能做到顶尖的位置，专业能力可能只占 20%,80%要看人际交往能力。

在公司、学校都是如此，除非你要当绝顶聪明的科学家，与世隔绝搞发明，不在乎世人的看法。可就算是科学家，也需要赢得政府部门的信任和认可才能获得科研资金。

# 我们不是孤身一人在战斗

和很多男生一样，我从小就有个人英雄主义情怀。加上酷爱玩游戏，老幻想自己过五关斩六将，把能灭的都灭了。游戏里经常说“不怕神一样的对手，就怕猪一样的队友”，找不到合适的队友时，我就想，还是自己一个人玩算了。这也导致在生活上很多时候我也更喜欢独来独往。

独来独往久了，我渐渐感觉到，一个人的世界有些孤独。累了没有人可以倾诉，痛了没有人会来安慰，无论泪水还是汗水都只能自己体会。那时便想，一个人行走，可能走得更快。但一个人走得再快，如果没有人分享自己的笑与泪，又有什么意义呢？

这似乎是一个过于追求独立的时代，过于独立带来的或许有成功，但也还有一个叫作孤独的副产品。于是有那么多诉说孤独的文章，又有那么多叫人不要害怕孤独的文章。然而，没有不艰难的人生，也没有无所不能的人。

一个人走，也许一开始可以走得更快，但当我们感到疲惫、无助之时，却发现找不到一个人可以给自己一些力量。甚至有些人因为孤独了太久胡思乱想，失去了生活的信心与生命的信念。

读《少年维特之烦恼》时，我为主人公的命运揪心，不明白他为什么宁可自己憋着也不跟人交流。我们也会有类似的经历，一个人躺在床上，想自己想通问题。可越这样越自我否定，越觉得自己是世界上最没用的人。

无论是怎样的盖世英雄，身边都有相惜相知的人，蝙蝠侠有罗宾汉，福尔摩斯有华生，小宏有大白。也许你身边的那个陪你行走的人，不会是固定的人，有些人在人生的某个阶段出现，又不断离开，但总有一个或几个人陪你一起欣赏途中的风景，一起面对艰难的世界。我想这样的人生，即使苦也是幸福的。

大一，我加入了北大计算机学院足球队。第一天去足球队面试，我敢保证当时的队长没想过我能通过。他一定在怀疑我是否能坚持跑满全场90分钟。

据他后来的描述，我当时挺着圆滚滚的肚子，像个小坦克一样满场飞。不论球技怎样，起码能把对手撞飞，所以就把我招至麾下了。作为球队的非主力候补，我开始了正式训练。没有想到这个为了改变自己独来独往而融入人群的想法，最终却给我带来很大改变，不但结识了一帮共甘共苦、肝胆相照的兄弟，而且我的体形和毅力都发生了质的改变。

为了备战北大新生杯，院队每周训练三次，周二、四、六晚上去五四操场进行体能训练。最考验肺活量的就是变速跑，22 个队员每次要围着 400 米跑道跑十七八圈。22 个人排成一列纵队，最后一个人要冲刺到第一个人面前，大声喊:“到！”倒数第二个人又重复这个过程。这么跑个 18 圈下来，对肺活量的要求可想而知。

本来以为能考进北大的都是书呆子，像我这样在高中就能颠球达到 550个的人，来了这里还不得叱咤风云？可我真的想多了，北大踢球好的人，或者说肯拼命踢球的人，真的太多了。大家怀着一种激情进入足球队，第一次训练完好多队员直接吐了，我忍了下来，回到宿舍才吐。

跑完步后进行蛙跳、高抬腿等体能训练。开始觉得很痛苦，但所有人一起训练，给了我一种坚持的力量。有句话说得好，“如果你想走得快，就一个人走；如果你想走得远，就找一个伴；如果你想走得又快又远，就找一个和你走得一样快的人。”有了伙伴们一起训练，我肯定能坚持下来。

经过 10 月到 12 月两个月的训练，我从 92 公斤瘦到了 72 公斤，好多裤子刚买回来不久就穿不上了，寒假回家妈妈几乎要尖叫了，认为是我在学校没吃好穿好。

除了足球队的朋友，我的室友们也陪伴我走过了大学四年的生活，室友 A 更是我的“好基友”，他内向，平时沉默寡言，属于闷骚型、良师益友型的哥们。每次当我太过于自信自傲时，他都会给我泼一盆冷水过来，告诉我还差得很远，还有很长的路要走呢。可是当我躺在床上，不想起来面对生活的时候，他又总会鼓励我，跟我一起去面对问题。现在他在美国读博士，有了幸福的家庭。但我们依然会通过网络交流对人生的感悟，互相鼓励。

工作上，我也碰到了不少能让自己不断奋进的人。对我影响非常大的一本书《战胜拖拉》就是新东方的同事推荐的，它帮助我和不计其数的人克服了拖延症。

我在写作这本书的过程中，也和大洋彼岸的几位朋友彻夜长谈。有几次，反复修改、折腾到凌晨一两点还是没写出一个字时，我的拖延症再次发作，也想过放弃。

“也许不用那么着急，可以推迟半年再写，也许那时候文笔和感觉就不一样了呢。”我这样给自己找借口。

“你自己说过，在赛场上哪怕比分是 0：10，0：20，不到最后一刻也不要放弃，真正不可原谅的不是失败，而是放弃比赛的行为。”一位朋友毫不客气地对我说。

“你自己无数次的减肥经历不也是这样吗，如果遇到困难就放弃了，那下次开始健身时，除了要重新体验一遍当初痛苦的感觉外，别无他法。

你愿意再做一次无用功吗？”

我不再狡辩，默默打开电脑，继续写作。

我们生活在这个孤独的蓝色星球，无论经历怎样的欢欣与苦痛，在这世界上你永远不是孤身一人。有爱，有梦，有朋友，还要怎样美好的世界？

你一年的8760小时

CHAPTER 06 /

# 以成长之名，向死而生

耀眼的绚烂之前，是地狱般的失落。

## 成功的附近，住满了失败的邻居

你为了某个项目工作到深夜，忘记保存文档，突然遇到断电、电脑死机，多少个日夜的努力付诸东流。此时的你已经强拖着疲惫的身体，奋战了很久，突如其来的打击，让你欲哭无泪。

你拼尽全力减肥，在健身房跑步机上挥汗如雨，不敢多吃一口，练了很久，站到体重秤上，那指针丝毫不变。你甚至怀疑是不是秤坏了，继而开始抱怨上天的不公，为什么有些人怎么吃都不胖。

你为了某项考试拼尽全力，上课苦学、下课拼命复习，第三次、第四次考试之后还是不敢看成绩，一次次失败后开始质疑自己是不是学习的材料。

如果有过这些经历，那么恭喜你，你离成功的世界又近了一步。失败不是成功之母，但它却是成功的邻居。成功的附近住满了名叫失败的邻居，你每次想去拜访成功，敲开的却总是失败之门，但总有一天，你会得偿所愿。

没有失败过的人是令人担心的，如果年轻时不多加历练，一旦更大的失败袭来，便可能成为生命中无法承受之重。

为了生活，

为了梦想，努力奔波，

但是，

偶尔我们也可以停下来，

休息一下，继续出发。

内心感到脆弱的时候，

我们可以静下心，和这个世界谈谈。

谈话的对象可以是一个人，

也可以是一首歌，一部电影，一本书，

或一朵花。

在人生的每一个难点，

笑一笑，说一声——这算什么呢？

想象一个美好的周末清晨，

你在九十点钟醒来，

阳光明媚，周身舒畅。

这是一个没有工作、没有压力的周六的早上。

有时候，我们需要慢慢品一杯咖啡，

或安静读一本书，

给自己的身心放放假。

人是为了一个又一个美好的瞬间而活。

生命的长度由心跳多少下决定，

而生命的厚度则取决于那些让我们紧张、感动、

兴奋到心跳停止的时刻。

人生几十年，

上哪一辆车是你的自由，

走哪一条路由你自己选择。

你的选择就是你的人生。

耀眼的绚烂之前，
是地狱般的失落。
幸好还有想象力，
把未来美好世界的光带给我们。

在北大读书时，每年都有同学自杀。还记得刚入学时，一个学生因为生活得不如意跳楼自杀，更可惜的是不仅他自己离开了世界，还有另外两个无辜的同学一个被砸死，一个被划伤破了相，留下了终生遗憾。另一个同学是学术上的大牛，满分 4.0 的 GPA 他能达到 3.9，失踪两天后，他的尸体在未名湖岸边被发现，而让他选择如此决绝地离开这个世界的原因，没有人知道。

大家总觉得在北大读书的天之骄子已经拥有了同龄人最羡慕的生活，似乎没有什么可抱怨。但正因为一路走来太顺利，一旦遇到哪怕是小小的打击就扛不住了。

类似的故事在全国各地的校园都时有发生，原因很多，大多是失恋、学业不顺、人际关系不佳、贫困……任何一个在旁人看来微不足道的挫折，都会在这些年轻人的心里打下死结，无法开解。

人生不如意事十有八九，若打不垮我们，就会使我们变得更强大。

王石说，我有很多粉丝，但我是褚时健的粉丝。

2003 年，52 岁的王石成功地登上了珠穆朗玛峰，成为中国登顶珠峰年龄最大的一位登山者。下了珠峰，带着裤腿上的泥点子，王石来到云南的哀牢山，看望在这里种橙的一位老人。

此时的褚时健已经 75 岁高龄，在监狱里度过了 17 年的他患有严重的糖尿病。王石见到他的时候，老人家戴着一顶破草帽，穿一件衣领破旧的衬衫，正中气十足地和帮他修水泵的人讨价还价。

“这个得 80。”修水泵的人说道。

“最多给你 60。”

“80，一分不能少。”

……

两人围绕着 20 元差价，一去一来争论了十多分钟。

王石站在边上看着，几乎落下泪来。谁能想到这个曾经为国家纳税近千亿的企业老板，竟为了 20 块钱而与人僵持不下。感人的不是今非昔比的辛酸，而是这位老人古稀之年重新创业的认真与执着。

种橙子并不是件简单的事，刚开始，褚时健找来的农民经常受不了苦，干两天就走了。没有人手，他只好和自己的老伴亲自动手，两个年龄加起来 140 多岁的老人，在田里搭了个棚子，白天干完活晚上就住在里面。“抬头就能看到天。”老人笑道。

雨季来的时候，橙子一地一地往下掉，急得夫妻俩每晚都睡不着觉。后来，褚时健买来一堆书，比如《柑橘技术 100 问》一类的，10 多块钱就能买到一本。

10 年后，褚橙天下闻名。“人生总有起落，精神终可传承。”这句广告语不仅是褚时健的人生写照，更成为了激励无数年轻人的名言。

创办万科时，王石在办公室的地板上写了两句话。其中一句是巴顿将军的名言，“衡量一个人成功的标准，不是看这个人站在顶峰的时候，而是看这个人从顶峰上跌落低谷之后的反弹力。”每个人都会经历失败，是一蹶不振还是再次站起，褚时健给出了最好的答案。

我的一位前同事，大二就开始自己创业，还没毕业已经在老家买了两套房。毕业后，他到京打拼，很快在北京也有了自己的房产。然而，几次错误的商业决策，让他血本无归。为了不拖欠员工的工资，他变卖了北京的房产、老家的房子，成了比之前更穷的穷人。一天傍晚，饿了一天的他总算处理完了公事，走到楼下，想去小摊买点东西充饥。到了小摊前，他才发现身上的钱甚至不够买一个煎饼果子。好在摆摊的大娘认出了他，看着他失落的样子，大娘说：“来吧，孩子，我送给你吃。”秋风萧瑟中，如果是拍电影，他应该跪在地上，仰天长叹，流下热泪。但事实是他没有掉一滴眼泪，因为生活不相信眼泪。当你遇到绝境时，躺在地上哭，并不会有人看你一眼。

没有眼泪，没有抱怨，没有绝望，只有不断地努力。他并没有诉说自己在绝境中的努力，只是用行动让人们看到，一年后，他卷土重来，在互联网界重新有了一席之地。

这个世界上只有一种成功，叫坚持不懈，也只有一种失败，叫半途而废。方法老师可以给予你，但坚持只有靠自己。

真正的坚持是在哪怕看不到希望的时刻依然不抛弃不放弃，竭尽全力。真正的光明是不管你经历过，或者正在经历着什么，你仍要爱这世界。

此心光明，亦复何言。

## 艰难时刻，向前一步

300米、200米、100米、50米……好了，过线了，现在可以吐了。

这是我在学校每一次长跑最后冲刺时的心理写照。

长跑，是很多人上中学时最畏惧的一道坎。对我来说，它不仅仅是生理上的折磨，而是“要命”。

刚出生不久，我就得了新生儿肺炎。因为婴儿的血管太细小，打吊针时医生只能在我的脑袋上进针。在医院里待了两周，病情才好转了一些。父母接我出院的时候，医生一脸严肃地对母亲说：“这孩子估计保不住，家长要有心理准备。”

从鬼门关被救回来后，肺的毛病一直没完全治好，四岁前很多时候在医院度过。就是这样一个差点夭折的孩子，居然每年在学校的冬季长跑比赛中都能拿到名次，我自己也感到不可思议。每次长跑完，我都吐得翻江倒海、鬼哭狼嚎，那种窒息得无法形容的痛苦感要很长时间才能消失。

就这样，我一边比赛一边吐，吐到体育老师都知道我有这个习惯了。

之后的比赛，他会在终点线准备好塑料袋，告诉我跑完之后去那里吐就可以了。

很多人一直没法理解，我是如何坚持的，是不是很享受吐的感觉，不然为什么这么痛苦还要继续忍耐。

不只是我，所有的人长跑都会觉得很痛苦，那种身体上的痛苦是人类共有的，即使是长跑健将，在最初练习时也会苦不堪言。但只有每一次都挑战极限，不断地突破自己的舒适区，这样我们才能跑得越来越远。这个道理，大家都明白，关键是如何忍受过程中的痛苦。我有一个简单却屡试不爽的方法。每次长跑比赛时，我都会想象自己比赛完大吃最喜欢的大盘鸡、烤羊肉，或者赢得比赛后，喜欢的女孩子就会走上来给我戴上花环。这些美好的场景，成为支撑我挺过痛苦的动力。

最难熬的是高考前一年，每天平均睡四个小时，白天上课晚上熬夜复习，现在想来依然苦不堪言。那个时候，为了激励自己，我把北大的照片打印下来，贴在书桌旁边。晚饭后，血糖有点高，学习也学不进去，我就盯着照片想象一年后，自己会在北大未名湖畔，牵着一个女生的手甜蜜地约会。

高中时的我追求女生总是失败，看着很多成双成对的同学，一直特别向往能有一个女朋友，北大则是我梦想中的学校，这两个意象构成了最美好的画面。后来，我越来越发现在痛苦中用想象力激励自己是一种很好的方法，可以帮助我们忍受痛苦的煎熬。

可能很多人以前有意无意采用过这种方法来为自己打气，但收效往往不大。使用想象力克服痛苦这个方法，最关键的一点，是想象的时候一定要够仔细够具体，没有触手可及的感觉效果就会打折。就像一个刚毕业的大学生，立志要通过一番打拼，买下一套属于自己的房子。如果只是想象要买一套房子，或许能给他一些激励，但毕竟过于抽象，因此能给予的动力也十分有限。

如果你想象在自己公司附近的小区里，已经看中了一套自己喜欢的房。每天工作累了、想要休息了，一抬头，透过玻璃窗，就看到对面屹立的大楼里那套可能会属于自己的房子，心情就大不相同了。甚至你可以预先根据户型设计好装修风格草图，规划好每间屋子的用途，具体到购买什么风格的家具，装修怎样的整体厨房，进而细化到在餐桌上和家人一起吃怎样的食物。这些具体的幸福的场景可以极大刺激你努力奋斗，早日让梦成真。

越具体越好，就是这个方法的秘诀。

高三时的我，想象着：夕阳下，博雅塔前，我和我爱的姑娘手挽着手并肩走着，时而谈论着文学、音乐，时而谈论着人生理想。虽然当时我还不确定自己的梦中情人长什么样，但是我也会幻想她是高个子还是矮个子，长头发还是短头发，戴眼镜还是不戴……

去年，我终于去了一趟巴西，看了自己梦寐以求的世界杯比赛。

从小学起，我就迷恋足球，一度喜欢到晚上睡觉都会抱着足球。球场上，我总是有无限的活力与热情。但训练依然是很辛苦的，每当训练到想吐的时候，我就幻想自己有一天可以去现场看世界杯。在所有的足球强国中，我最喜欢巴西，巴西人踢起足球就像跳舞一样，行云流水，摇曳生姿。因此我更大的梦想就是，能够在巴西看一场世界杯。

其实，做出去巴西的决定，我心里焦灼了很久。暑假是教学任务最忙的时候，平均每天 10 小时的课程，每 1 分钟都要以饱满的热情讲课。一天下来，嗓子冒烟，身体冒火。到了真正上课的时候，老师是几乎没有时间去准备课件的。因此必须在暑假到来之前，把所有的课件、资料准备好。为了有去巴西看球的时间，我在平常的工作基础上，每天又给自己加了几个小时的工作量，一下子自己又好像回到了高三每天只睡4个小时的时光。

几天下来，高强度工作的痛苦不必多说，整个人回到家只有一个念头，倒下就睡，永远不要醒来。但一想到我可以实现儿时的梦想，亲眼看到那些自己喜爱的球员在世界最高规格的足球赛上征战，见证喜欢的球队夺冠的历史性时刻，疲劳也不再能困扰我。

身心疲惫时，我会把 Katy Perry 的“Firework”单曲循环，音乐声开到最大，整个房间里只有我和音乐：

Do you ever feel like a plastic bag

你可曾感到自己如同空中的塑料袋

drifting through the wind

随风浪迹天涯

wanting to start again ?

想要重新开始?

Do you ever feel, feel so paper thin

你又可曾感到自己单薄得如纸般脆弱

like a house of cards

如同纸牌搭成的房子

one blow from caving in ?

只要轻轻一吹全世界都会崩塌?

Do you ever feel already buried deep

你可曾感到自己被深埋地下

6 feet under screams but no one seems to hear a thing

在地狱中嘶声呐喊却没有人能听到你的声音

Do you know that there's still a chance for you

但不管如何我想告诉你不要放弃

'Cause there's a spark in you

因为我能感到你的胸口之中已经擦出火花

You just gotta ignite, the light, and let it shine

它就会发出全世界最耀眼的光芒

Just own the night like the 4th of July

把自己的夜晚当作七月四日

'Cause baby you're a firework

我的朋友别忘了你是一支烟火

耀眼的绚烂之前，是地狱般的失落。在地狱里痛苦挣扎，幸好还有想象力，把未来世界美好的光带给我们。而有了这束光，我们就可以忍人所不能忍，吃常人吃不了的苦。

## “承诺/一致”的减肥法

你只看到我一身肥肉，却没看到我拼命减肥。你有你的骨感，我有我的丰满。你嘲笑我脂肪太多不配穿比基尼，我可怜你瘦得衬不起。你可以看见什么吃什么，时间会证明这是谁的地狱。减肥注定是痛苦的旅行，但那又怎样，哪怕是死，也要坚持。我是减肥的胖子，我为自己代言。

这是我减肥最痛苦的时候写下的一段豪言壮语。

2014年，在《超级演说家》的舞台上，当我健身前后的对比照出现在大屏幕上时，鲁豫、李咏、乐嘉、林志颖四位导师和现场观众都惊呆了。

瘦一点，再瘦一点。无论对男性还是女性而言，保持苗条而且有一定肌肉的身材，似乎已经是时尚的标签。一位资深女记者曾这样写道：“相信你一定看过关于明星减肥的那些传说，孙俪掰包子闻闻过干瘾，郑秀文几十年没吃饱过，鲁豫吃米饭数粒，舒淇饭后靠打游戏硬挺着不敢坐下来。……海清说，她胖一公斤时镜头看不出来，两公斤时摄影师就会提醒她，该减肥了。前一段时间她坚持过下午两点之后不食，可以以一天三斤的速度掉肉。我以为她要来炫耀艺人是胃口随意伸缩的特种人类，谁知她分享了一个非常凄惨的经历。‘晚上饿得睡不着，我就把家乡一个粉丝寄来的榨菜打开一根根拿出来，每晚拿 10 根，一根根地嘬，嘬到没有盐味时再吐出来。’说这段话是在一个火锅局上，她讲完这个故事，看着我们胡吃海塞，自己嗑了几颗瓜子后表示还要回去跑步。”

这也是我减肥时的真实写照。

从 92 公斤的肥胖到 70 公斤的刚刚好，从一身肥肉到 6 块腹肌，我想对于减肥健身我还是有一些经验可谈的。

各种各样的媒体，包括杂志、网络、电视等，总是放一些特别瘦、特别美的明星照片。看上去很美，但是这也增加了很多人的危机感，看看明星，再看看自己，顿感上天不公。于是无数的男女拼命减肥，想让自己看起来更美一些更帅一些。

其实，我们在媒体上看到的美女帅哥的形象，苗条身材、尖下巴小脸，很多都是 PS 出来的，还有最好的化妆工具、各种各样的造型设计与灯光效果，其实这些明星真人往往并没有那么瘦。

要想减肥，千万不要被这些假象所蒙蔽了，给自己设置一个不合理的减肥目标，通过减肥来折磨自己，导致自己不是内心失望就是身体减出了毛病。

减肥之前，首先要看自己的体重指数（BMI）：

体重指数（BMI）= 体重（kg）÷ 身高 $^2$（m）

比如，一个人的身高为1.75米，体重为68kg，他的BMI= $68/1.75^2$=22.2。

成人的BMI数值分为五档：过轻、适中、过重、肥胖、非常肥胖。BMI在18.5～23.9之间都是正常的，最理想的体重指数是22。

因此，一个人的体重指数在正常范围内，可以健身，但不需要用极端的方法来减肥。超过这个指数的人，需要通过自己的身高计算自己的合理体重。

如果你属于肥胖（obese），已经影响到健康了，就必须花大力气来减肥了；如果属于超重（overweight），也应该加入减肥的大军里了。

确定体重指数之后，条条大路通罗马，减肥的方法很多，比如苹果减肥法、酸奶减肥法。只要对健康无害，能保证减肥效果，都是好的方法。

虽然有很多科学的方法，但要想收到满意的效果，前提是你必须坚持到那个点才行。如果你不坚持到那个点，即使方法再好也帮助不了你。减肥最关键的一点是永不言弃。很多人减肥失败是因为无法坚持下去，而不是方法不好。

帮助我坚持减肥最重要的一个方法就是承诺/一致法，这个方法利用的是《影响力》一书中的承诺/一致原则。每个人内心都有一种“言必信，行必果”的渴望，特别是对自己很重要的人，这种渴望可以帮助我们更好地达成目标。书里举了一个人戒烟的例子。第一步，自己一个人安静地花10分钟时间在白纸上写下7～10个对你来说最重要的人，包括你的家人、爱人和朋友。第二步，做相应数目的卡片，在上面写下你关于戒烟的承诺："我承诺再也不吸烟了，否则会让你失望。"然后把卡片分别送给你认为重要的那些人。因为我们都希望自己能够说到做到，也很在意自己在别人尤其是重要的人面前的承诺和形象，由此这个方法就能督促我们完成目标，做到"言必信，行必果"。事实证明，在亚洲，这个方法尤为有效。

减肥也一样，我先把愿望公之于众——"我，艾力，要在某年某月减肥到多少公斤。做不到的话就给人充话费。"有了承诺，也有了压力和动力，必然会让自己全力去做到。不过这个方法真的需要很大的勇气。如果你真的有达成目标的雄心，也可以和我一样在微博上发一个豪言壮语，看自己最终是否能做到。

如果你真要下决心减肥了，一定要买一个减肥神器：秤。及时反馈才能让人及时提高。

还要尊重科学。可能有人会问，减肥与科学有什么关系呢？高中生物课上我们就学会了同化作用和异化作用。如果同化作用大于异化作用，也就是说你吃得多动得少肯定会胖。反之，异化作用更大，那自然而然就瘦了。这也可以用物理上的质量守恒来解释。质量是不能被消灭的，只能从一种物质转移到另一种物质。当你吃东西的时候，就是外界物质的质量转移到你的身体了，当你排出的时候，就是这个质量排到外界去了。

有些人是怎么吃都不胖的，他虽然吃得多，但排出去的也多。无论是以固体的形式，液体的形式，还是气体的形式……听起来有点恶心。所以别做梦了，以为吃不胖的人是光吃不排。

如果金钱要开源节流去赚的话，那么体重应该“闭源开流”去减。这个“源”就是我们吃的东西。

有人问我，减肥的时候需要把一天的饭分成五顿吃吗？我认为大可不必，健身时需要，减肥不要。三顿饭正常吃，但要吃得科学。早餐一定要正常吃，因为它对新陈代谢有至关重要的作用。很多人说，我早上不饿，能不能不吃早饭？我的回答是：无论你饿不饿，一定要吃早餐。它能提高你一天新陈代谢的效率，对减肥来说是非常重要的。任何能减下肥来的人，如果是科学地减肥，绝对是吃了很好的早餐。我现在三顿饭中吃得最在意、质量最好的也是早餐。

午饭可以随便吃，但要注意低脂低盐。盐分不要摄入过多，否则对血脂不好，对减肥也不好。晚上以水果蔬菜为主，需要注意的一点是，如果你睡得早，晚饭也要提前伺候。一般来说，科学的晚饭时间是睡觉前至少四小时。睡前四小时之内就不要吃其他东西了，否则对你的胃也是一个负担。特别想吃东西的时候，可以选择低脂酸奶和苹果。

如何开流？真正有用的不是喝减肥茶，而是锻炼。锻炼分有氧运动和无氧运动。减肥的时候肯定采用的是有氧运动，强度没那么大，但时间需要保证，40 分钟以上才是真正有效的。扭秧歌、广场舞、骑单车都可以达到效果。如果去健身房，很多人会选择跑步机，比跑步机更好的是踏步机，这是我减肥最大的收获。如果你能做 40 分钟踏步机，比在跑步机上跑一个小时效果都好。做完满头大汗，周围地上也全都是汗，你会特别有成就感。

如果没有时间去健身房，在家里也可以做健身操。很多人会觉得做健身操有点二，其实不然，我在微博上分享的 HipHop Abs 就很帅气，还可以练习下英语听力，一石二鸟。

近朱者赤，近墨者黑。与狼为伍的人早晚会学会狼嚎。根据科学调查，如果你身边胖的朋友比较多，你发胖的几率要更大一些，这就是所谓的“近胖者胖”。这并不是说让你离开你身边的朋友，而是说，如果身处这样的环境，内心一定要更有毅力，才能抵御环境的影响。

即使穿着最简单的白衬衫牛仔裤也好看的身材，是真正的好身材。不管这是不是个看脸和看人鱼线的时代，保持健康的身体是我们对人生负责的第一步。

# 最难以下，皆是幸福

每次去健身房锻炼结束，我都习惯去那个有着76度高温的汗蒸房体验15分钟的人间地狱。蒸得全身水分都要消失时，我在想当年孙悟空过火焰山恐怕也就是这感觉了。

在汗蒸房里蒸到身体不适要送医院的人屡见不鲜，大部分健身者轻易不会选择汗蒸，我的健身教练也觉得这行为有点危险。可是只要时间允许，一有机会我就逼自己去体验下这份痛苦。

为什么要挑让自己最不爽的方式？我的答案是，当你体验过了最痛苦的事，就会变得更有韧性，再面对小一些的痛苦时，就有了足够的承受力，不会再被它们击倒。当我体验过了汗蒸房的痛苦，其他健身项目带来的痛苦感，都是“a piece of cake”。

2007年9月，从来没离开过新疆的我，独自登上了开往北京的列车。当时几乎所有小伙伴刚上大学时都是由父母送去，我爸妈也是这个想法。

不过，我从小就是打死也要独立的性格，经过了无数次几乎是绝情般的拒绝，他们放弃了送我去学校的主意。

我的想法很简单，就是希望自己独自完成这趟乌鲁木齐到北京的漫长之旅。不过由于拖延症又犯了，我买票时已经相当晚了。凌晨 6 点去火车站买票，窗口一打开，刚过三四个人，售票员就说没有卧铺票了。后来我才知道，没有相当的关系，想买卧铺票简直是白日梦。

我打算坐硬座，心想没有卧铺也死不了。火车正常到达需要 46 个小时——因为走得比较晚，我坐的是一趟临时客车。它和正常的火车在外形上没有任何区别，行驶速度也不慢，但它总是开两三小时就会在荒郊野岭停下来，其中一次在戈壁滩上停了整整 4 个小时，直到一辆拉煤的车过去了，我们的车才能走。

车上没有亲人，也没有朋友，我就一个人乖乖地蹲在那里看书。第一天晚上是最好熬的，因为那时整个人都沉浸在去北京的亢奋之中。坐在座位上，与旁边的人轮流趴在小桌上睡一会儿，就感到好多了。到了第二天晚上，就变得非常痛苦。因为缺水缺粮，大家坐了一天，精神状态都非常不好。

我以为顶多 50 小时就到北京了，然而 50 多个小时后，终点站还遥遥无期。当时乌鲁木齐到北京只有这么一趟火车，过道里站满了人。想到他们的辛苦，我经常会把自己的座位让给他们一会儿，让他们略微休息一下。

到最后，人们越来越疲惫，很多人开始把报纸铺在过道上、角落里，躺着睡觉。

对我来说，最痛苦的是上厕所。第一次坐这么长时间的火车，我完全没有预料到上厕所的艰难。刚上火车时，我本能地认为要多喝水，才能保持自己正常的新陈代谢。这个决定在不到8小时之后，就被发现是我人生当中最错误的决定之一。感觉到想要上厕所的时候，我从座位上站了起来，这里到车厢尽头的厕所，只有20多米。过道上站满的旅客，就像塞满的障碍物一样。我一次次地对人说“对不起，请让一下”，然后再给脚找到一丁点落脚之地，忍着难受，以比蜗牛还慢的速度，终于走到了厕所前，前面排了五六个人，我只要继续忍受、忍受……10多分钟过去了，厕所的门一动不动。最前面的人，推门，不开；敲门，没有任何回应；拍门，还是没有任何回应。有人叫来了乘务员，乘务员用钥匙打开厕所门，发现有人睡在里面。原来是没有买到坐票的人，为了睡一会儿，跑到厕所里，把门从里面关上，窝在又脏又臭的地方，睡上个半小时。真难为了睡在厕所里的人，也难为了我们排队等着上厕所的人。总算上完厕所，我又以蜗牛般的速度回到座位，拿手表一看，整整花了45分钟。后来，除非忍无可忍，我绝不敢轻易喝水。如果想上厕所，我就尽量憋着、憋着、再憋着。

第3天，也就是74小时之后，火车终于抵达了北京，整趟车的人欢呼雀跃。那场景让我想到早期欧洲的移民坐船去美国，在大西洋上航行了 20 多天，几乎弹尽粮绝，最后快到美国时，一个人站在船的最高处看到自由女神像，大喊：“America！”所有的人都开始喜极而泣，高呼着：“America！”

下车时，我的体重从 92 公斤减到了 89 公斤。这次坐火车的经历让我的身体忍受能力提高了很多。从那以后，无论是出差还是其他外出，即使住的酒店再差，交通工具再烂，我都不会感到那么痛苦了。因为，最痛苦的，我已经经历过了。

有了这样的经历，我对痛苦有了不一样的看法。有时，在特别困难的时候，我反而会告诉自己，如果这你都能承受，以后还有什么是你不能承受的呢？有时候，为了磨砺自己的意志，我反而会主动给自己找一些罪受，就像待在 76 度高温的汗蒸房。

几乎所有的宗教都教导人要学会找苦吃，体验艰难。基督教、佛教、伊斯兰教都有一定的斋戒行为，让人在物欲横流时不要迷失自我。

穆斯林的斋月在回历每年 9 月，在这 30 天里，从太阳升起到太阳下落这段时间，封斋的人都不能饮食和进水。一直等到日落黄昏，人们才能进餐、吃东西。我想，斋月就是让大家体验到曾经生活的不易。经历了一天的不饮不食后，当我们再吃上一口饭、喝上一口水的时候，对于世界、对于生活，我们就会有更多的感恩和珍惜。

2014年冬天，我去外地录制一档电视节目，深夜到达节目组指定的酒店，住进房间，发现空调坏了，无法供暖。这是酒店的最后一个空房间，附近也没有别的酒店可换，我就在冷到冰点的房间里抱着被子睡了半宿。

第二天，高烧，照常早起录制节目，好在观众没有看到我的疲惫，硬撑着录完节目后，我去医院打了吊针。后来有朋友问我：“这是节目组的安排不到位，你为什么一点也不生气？”我的回答是：“我经历过更糟的，这算什么呢？”

在人生的每一个难点，笑一笑，说一声——这算什么呢？

# 学会在迷茫的现实里突出重围

罗宾·威廉姆斯是我最喜欢的笑星之一，他曾经出演的《窈窕奶爸》《心灵捕手》《勇敢者的游戏》《死亡诗社》《博物馆奇妙夜》都成为了经典电影。他的脱口秀专场，更是“大规模笑伤性武器”，也是众多脱口秀表演者可望而不可即的高峰。

然而，这样一个给亿万观众带来快乐的人，却在2014年选择以自杀的方式结束了自己的生命。美国总统奥巴马发文悼念这位天才横溢的演员时说：“罗宾·威廉姆斯曾是个飞行员，是医生、是奶妈、是总统，是无敌的彼得·潘，千变万化，但他又是独一无二的。他像个外星人一般走进我们的生活，却触动了人类精神的所有部分。他让我们欢笑，也让我们痛哭。”

很少有人能理解一个笑星的烦恼。在常人眼中，难道千万富翁还会觉得自己的生活不够完美吗？

说实话，作为一个经常让别人开心，给别人带来欢乐的人，我理解他的痛苦。

当你给全世界带来欢乐时，你仍是孤身一人。拖着疲惫的身体回到家，扑面袭来的却是阵阵悲哀。幽默其实是一种防御机制，不让别人顺利了解自己的内心。在自杀前，罗宾·威廉姆斯把自己关在屋子里，不跟任何人说话。他迷失了自己的方向，也找不到生命的意义，最后只好选择用极端的方式告别这个他曾爱过的世界。他再也不能像在《死亡诗社》中那样发出声音——“你必须寻找自己的声音，因为你越迟开始寻找，找到的可能性就越小。”

他的离世让我思考，在迷路的时候到底应该怎么办。我自己也有很多迷路的时候，也曾有过结束生命的想法。

高中时，我是一个安静的、肥胖的、看起来比较狰狞的学霸。当时身边的朋友都有所谓的女朋友，而我去KTV都是看着别人一对对，我自己唱《单身情歌》，一边唱一边想：我就这么不值得人爱吗？

正当万念俱灰时，有个人像一束光照进我漆黑的心。她就是当时我们全年级最优秀的歌手。

高二学校歌唱比赛的前一天，出于礼貌，我给所有选手鼓励和祝福，为他们加油，也对最后上场的一个女生说了句“加油，你肯定没问题”，说完就潇洒地回家“补习电脑”，深藏功与名。

周一，我正在课间埋头做作业时，一个哥们儿兴奋地说：“艾力，门口有女生找你。”这是我活了 17 年从没遇到的情况——有班主任叫我去办公室收发作业的，有男生叫我出去要揍我的，但从没有异性叫我出去。

我一听到女生两个字，不由得心跳加快，心里一个声音说：“我的天，这到底是什么情况？”我非常兴奋，脸红心跳地走到了门口。一个女生非常腼腆地跟我道谢。她笑着说：“就是因为你的鼓励，我歌唱比赛拿了冠军。”然后给了我一个天空那么大的拥抱，就飘然而去。

当时的我，整个人都融化了，这可是我第一次被同龄的女生拥抱。整个人心花怒放，一个人兴奋地跑到教室的阳台大吼，心里想的是：我胡汉三也有今天，野百合也有春天，我也有“脱光”的时候。就因为一个拥抱，我就联想到脱离单身了。然后我赶紧把所有兄弟叫来，跟开新闻发布会一样，绘声绘色地讲述了这段只有 15 秒的“恋爱”。

晚上，我自作主张到她的班级门口想送她回家，她却一脸迷茫地看着我：“你干吗在这儿等我？”我说：“就一起回家呗。”“干吗要一起回去啊？我得先走了。”她说。愚钝的我还没反应过来，误以为她是在玩 hard to get（欲擒故纵）。让我没料到的是，接下来两三天她没再找我，我感慨：这欲擒故纵玩得也太狠了吧，到底要闹哪样。

到了周四，我实在忍不住了，把她拉到五楼的荒无人烟的楼道，一个被称为一中“情人角”的圣地，在这么暧昧有情调的地方，尝试表白。与其说拉，不如说“引”，因为我都不敢去碰她的手。我战战兢兢地说，那天你感谢我，我真的很激动。她还是羞涩地连声道谢。我问，你是不是想说什么？她一脸不解。

“没关系，你想说什么就说出来吧。”我继续诱导。那女生依然迷茫。我穷追不舍：“没关系，别客气，有什么就说，咱都到这份儿上了。”她还是不明所以。后来，我只好主动出击，直接说我喜欢她。她由迷茫转为尴尬，支支吾吾道了谢，表示她只是想感谢我而已。

犹如《灌篮高手》里的樱木花道整个心裂开，掉入万丈深渊的感觉，这一次，我再次感受世界的深深恶意。我甚至有点气愤地说，没好感那你还单独把我叫出来感谢，还给了我一个那么大的拥抱。“其实我就是因为第一次唱歌比赛就拿了第一名，所以给了所有鼓励我的人拥抱，表示感谢。”听了这话，我心里又爱又恨，特别无语。

“那你确定对我没特别的感情？”我依然不死心。

“艾力，你是一个好人。”她给我发了好人卡，结束了这场荒谬的谈话。这话听了很多次，好人卡再收一张也无所谓了。

看着她远去，我一个人坐了好久。但并未放弃。

后来，我又尝试了几次表白，统统被拒，心情十分不美丽，甚至想：如果没有我，这世界是否会更美好？我跑到学校的九楼楼顶站了很久，心里犹豫，我是否应该纵身一跃。但因为恐高症，最后还是没有跳下去。我又跑到学校门口一条车水马龙的道路上，心想，如果哪辆车过来撞上我也就一了百了了，结果被同学拉走。

我心情抑郁得不行，走投无路之下，我鼓足勇气，敲响了杨贵萍老师的门。他是学校的心理咨询老师。坐在杨老师对面，聊了很久，我都不好意思说自己抑郁是因为追求女生被拒。最后，我只好说了些“自己活着没有用，没有自己世界会更加美好”之类没头没脑的话。

杨老师告诉我：“没关系，你说的一切处于你的环境下都是正常的。而且你不要指望咨询几次就可以解决问题。”我一点点地谈到了早恋，忏悔说：“自己的行为实在大错特错，对不起父母，对不起学校，对不起人民，更可笑的是早恋还没成功，连自己都对不起。”杨老师坦然表示这很正常，每个人在青春期都会有这样的悸动。

随着一次次的咨询，我对他讲了很多内心深处的想法。“这么多女生拒绝我，老师你觉得我这个人还有存在的必要吗？”我说出了心底最深的那个疑问。

“你错了，别人拒绝你，不是你的错，是她们的错。你不是不够优秀，而是你非常优秀，只是她们没有看到这一点。”杨老师说。

听到这话，我很欣慰，总算有人能看到我优秀的一面了。现在想来，杨老师说的话也许未必是真心的，却在我彻底否定自我的时候，给了我肯定自己的力量。

青春期失恋的痛苦也许比不上罗宾内心的压抑，但对于一个正在承受痛苦的人来说，痛苦是没有大小之分的。我终于发现，一个人外表无论如何强大，内心都有脆弱的一面，在迷宫当中跑得越用力，往往陷得越深。在这个时候，我们需要的不是发泄不是继续忍受，而是静下来，与这个世界谈谈，谈话的对象可以是一个人，也可以是一首歌，一部电影，一本书。

在人生最关键的那么几步，你还可以和那些有更大天地的人谈谈。

2013年1月，我打算从“酷学酷玩”课程转到较难的托福考试培训。这项工作充满挑战性，也可以提高整个团队的核心竞争力。可当时的感觉就像一个只能举起25公斤哑铃的人，直接要举250公斤。尽管我早就以高分通过了托福考试，拿到了口语和写作的满分，可转岗培训没几天我就被巨大的工作压力和强度吓到了。之前的课程已经停止，新的课程还没开始，我有3个月培训备课期，我已经不能回头，再往前却不知道该怎么走。

我迷茫、抑郁了几天，最后决定向一个自己尊重、信赖的人求助。最好的人选就是我的老板俞敏洪老师。此前我和他交往并不多。正当我犹豫如何开口时，打开微博，发现他在微博上转发了我《酷艾英语》里讲述切糕故事的视频。俞老师很少发微博，也是第一次转发本集团员工录制的视频，这种鼓舞让我顿时有了勇气。

我写了封邮件给俞老师，问他：“我的决定是不是错了，有些自不量力？”很快我就收到了俞老师的回复：“做出了决定就不要后悔，艾力，相信你会尽全力成为最优秀的老师。”

人生最大的痛苦是漫无目的地徘徊。“士为知己者死”，我的心结在那一刻烟消云散，我开始专注于做托福真题，夜以继日认真备课，给自己打气。一年之后，我成为了集团 18000 名教师中的 9 名集团演讲师之一。一路走来，我很感激俞老师那时的鼓励，也很感谢自己在迷茫之时学会了求助。

马云说，一个人要成功，关键是要有自我治愈能力，学会用你的左手温暖你的右手。

除了外界，迷茫时，还可以和自己好好谈谈。

有时候，遇到一时解决不了的困难，我会把自己分裂成两个人，让内心的两个自我直接对话：

“艾力，你有爱你的妈妈和妹妹，有那么多支持你的人，为什么不尝试一下呢？”

“即使最坏又能坏到怎样？就算世人都嘲笑你，但他们依然无法忽视你，对吗？”

……

这种自我的对话，也常能让我从迷雾中看到前进的路。

# 比赛第二，友谊第三

做“盖洛普优势识别器”的测试，测试结果说我的一大优势就是“喜欢竞争”。

“竞争（Competition）扎根于比较。当你环视四周时，你本能地意识到别人的业绩。他们的业绩就是你的最终标尺。无论你如何苦干，无论你的动机如何高尚，如果你仅仅达到自身目标，但未能傲视同侪，你就会感到现有的成就空洞无物。如同所有的竞争者，你需要其他人，你需要比较。因为如果你能比较，你就能竞争，而如果你能竞争，你就能取胜。一旦取胜，你就能感受到无与伦比的快慰。你喜欢测量，因为它有助于比较。你喜欢其他竞争者，因为他们使你振奋。你热爱比赛。虽然你对你的对手彬彬有礼，甚至能做到虽败犹荣，但你参加比赛绝不是为了取乐，而是为了取胜。你最终会避免参加取胜无望的比赛。”

这是测试结果里，对我性格主要特征的描述。

确实，我做什么都喜欢和别人比：走路时喜欢比别人走得快一些；考得如何无所谓，只要比心目中那个对手高一分，我就开心得要死。

我喜欢的伟人中有很多都是战无不胜的将军，汉尼拔、恺撒、拿破仑等等。所有比赛都强调“友谊第一，比赛第二”。但真的上了场，谁还管友谊，十八般武艺都使出来只为求胜。

“输”，在我的人生辞典里是又痛恨又耻辱的事。而成功就在眼前时却功亏一篑更让我无法接受。

大一时，我作为计算机信息学院足球队的一员，参加学校新生杯的比赛。半决赛时，我们学院对阵国际关系学院。比赛到了最后时刻，我们 1 ：2 落后于对手。经过一阵拼抢，我从对手脚下抢到足球，队友们迅速默契配合，把对手死死地防住，我顺利地运球到对方球门 50 米外，调整好角度，用力一脚射出，所有的人屏气凝神地盯着球的飞行，然而球沿门柱擦了出去。

那一刻，全场所有的眼睛都盯着我，从大家失望的眼神中，我能看出他们对我的射门抱了多大的期望。比赛结束后，没有人过来责怪我，但对我来说，却要比被大家骂一顿还难受。

那次比赛后，我在院队里表现越来越低迷了，足球飞出球门的那一幕场景，一直在我的脑海里萦绕，无法消失。

参加的比赛越多，面临“输”的时刻就越多。我对于比赛的心态也慢慢发生了变化：输赢固然重要，但还有比输赢更重要的东西——比如尊严。

在球场上，有时候，当一方球员受伤倒地时，另一方却完全不在乎，继续进攻，乘虚而入，还大肆庆祝。这种比赛，即使是赢了，也赢得没有尊严。但我更鄙视的是在比赛落后的情况下，一方球队彻底丧失了斗志，任人宰割。既然是比赛，就应该拿出全部的斗志，即使是输也不能输掉气势和节操，要尽全力地挽回颜面，像一个男人一般死去。这也是我后来对自己的一贯要求，正如在《超级演说家》比赛时，主动让出了鲁豫队的复活权，因为即使失败，我也要“像一个男人一般离场”。

很多人因为《奇葩说》这个节目认识了我，参加这个节目的初衷真的是冲着“辩论”这两个字去的。可能从外表上看不出来，但我真的酷爱辩论，喜欢高逼格就事论事的辩论。节目组跟我说：“这是个严肃的辩论节目”，有众多超级牛的辩手。节目的海选地在郊区，当时有种自己被拐卖到偏远地区的感觉，但过程很顺利，感觉不错。

到了第一次真正录制时，我被节目的尺度之大吓得瞠目结舌。我知道，“严肃的辩论节目”是打了引号的，但这引号也太大了点。我并不是生活在真空里，也关心时事，那些话题和朋友们聊天时也会听到，但在正式场合，刚开始还是非常不适应——作为一名老师，我的心理包袱太重了，一考虑到我的学生们听到一些话的感受，就会变得束手束脚。节目正式播出的时候经过了很多剪辑处理，很多未播出部分更为劲爆，当Hold住姐带了很多情趣用品到现场，而我一向敬重的马东老师也说出没下限没节操的话时，我才知道自己真的到了“奇葩”的世界。

头几期的节目中，我一直找不到状态和节奏，整个人语无伦次，经常站都站不直。尽力想表现幽默点，却没有综艺咖的恶趣味，说点严肃的话，又被整得狗血淋头好难受。

后来我想，人要学会在不同的场合扮演好不同的角色。上课要有老师样，录节目时就要学会娱乐大众。

我一直反省、改变。这个过程像爬坡一样，需要很多的努力、耐心和改变，而前面的路总是远得望不到下一个站牌。

刚开始，我总是想模仿别人，但怎么模仿都很别扭，好像不是自己了，而且学谁都学不像。到最后，我慢慢找到了自己的一些风格，开始放开自己。

某场比赛中，我在介绍自己的名字中“艾”字时说道，上面一个“艹”下面的部首像个“叉”字时，被评委马东概括为“草叉艾”。以后每当我起身发言时，大家就拿这个噱头开玩笑，负责投票的观众也会跟我逗趣。我报一次名字就瞬间少了几十票的支持。我依然得保持风度继续辩论下去。

开始的时候，我对这个词儿是抗拒的，心里甚至有些难受。但最后一场比赛时，我拿了草帽和叉子来到现场，选择了自黑，反而放下了包袱。虽然我没有赢得冠军，但赢了人心，是先输后赢，走得很骄傲。比赛走到五强，我算完成了任务。到最后名次不是最重要的，而是通过这个节目，我又有了新的学习和改变。

不久前，我因为想向更多人介绍 34 枚金币时间管理法而参加了《超级老师》的比赛。初赛以高分顺利通过后，决赛中，我本来应该和同类的大学老师比赛，却被安排和小学老师较量。录节目时，我尽量不给编导提任何要求，安排我在何时出场，是否让对手先做选择，我都不计较。可临时听到这个消息，我瞬间心里不是滋味。

毕竟大学教授的课程和小学的教学内容在专业方向、知识难度上没有可比性。如果赢了，胜之不武，因为讲的内容和对象不一样。如果不比，则是对对手的不尊重。

比赛开始时，评委寇乃馨让我尽全力去比拼，还要为了配合节目效果说些要打败对手的豪言壮语，我却什么也说不出来。我的对手，一位有6年教龄的语文老师说出了必胜的口号，语气激动地表示要打败我这个强大对手，我真的说不出类似的话。

关键的拉票环节，那位女老师几乎要哭了，她强调自己没有参赛经验，是第一次上电视，担心如果输了，会影响自己在学生心中的形象。

我心想，她的学生们还是上小学的孩子，要是我赢了真的给他们心灵留下了创伤，或者让这位老师失去了在学生面前的权威，岂不是我的罪过。进退两难中，我选择了放弃拉票，最后也输掉了比赛。

一次次的竞争，让我学会了妥协，更学会了如何守住基本的底线。输赢依然重要，但人生并不是一场规则单一、衡量标准单一的比赛。

我们向世界多走一步，世界也会向我们走近一步。

你一年的8760小时

CHAPTER 07 /

# 比我们优秀的人，比我们还努力

向上的路每一步都那么艰难，但我们只能选择前行。

# 你做梦的时候，总有人在努力

坦白讲，作为一个自视有些清高的人，能让我从内心深处满怀敬意的人并不多。但其中一位貌似平凡的老师，却给我的青春，留下了难忘的记忆。

我的母校乌鲁木齐一中坐落在市中心最繁华的地带，占地面积不大，知名度却很高。

清晨，阳光一点点地洒进校园，校道上空无一人，却从球场里传来一阵阵篮球拍打地面的声音，打球的是一位男子，穿着洗得有些旧却十分整洁的运动衣，一米八的个子，映在孤单的球场上，显得格外显眼。这就是我的数学老师陈老师。我读高中的时候，他已经将近 50 岁，在所有教我的老师里最年长。来到这所学校近 20 年，他一直保持着比清洁大妈还早到的纪录。

1 个小时后，出现在课堂上时，他已经换上了一身笔挺的西装。站在台上，举止行事像极了英国绅士，连身上那种傲慢劲也像。“各位同学，你们学习好与不好，和我一点关系都没有。我任教这么多年已经不需要你们的成绩来证明我有多优秀了，我教的学生遍布世界各地，哈佛、耶鲁，你们要认识到，你们坐在这里，并不是为了我学习。”这老师真有腔调，我在心里默默地想着。

他接着说道：“你们要知道，初中毕业代表着你们九年义务教育结束了。高中时，还想着为父母学、为老师学是幼稚的。要记住，从现在开始，你们只为一个人学习，那就是你自己。”说完这句话，他优雅地转过身，不依靠尺子和圆规画出了一个标准的坐标系和一个接近完美的圆。就这样我开始了高中第一节数学课，知识点我想不起来了，却为他的风度折服至今。

在当时的乌鲁木齐一中，陈老师有大量女性拥趸，女学生、女老师都仰慕他。他却从不为这万千爱慕所迷惑，始终保持对自己严格的要求，这种严格到了近乎变态的程度。别的老师休息时都在斗地主嗑瓜子，这位全校数一数二的特级老师，却依然埋头研究着教学理论。除了认真工作，他还始终坚持每天锻炼、健身、读书，岁月并没有在他的身上留下过多印记。

高考前最后一堂课，陈老师讲完考试的注意事项，用严肃又慈爱的眼神看着我们：“孩子们，你们马上就要结束一段旅程，踏入一段新的旅程。人生的路很长很长。作为我的学生，不管你们以后在哪里在做什么，我希望你们始终都能保持一种不断向上的追求，希望你们牢牢记住‘求上者居中，求中者居下，求下者则不入流’。”

后来，我走出家乡，看到了更大的世界，认识了更多优秀的人。比起那些成功者身上夺目的光彩，陈老师的生活似乎按部就班。可生活原本平凡，我们所要做的，就是从平凡中寻找不平凡，他做到了。

从他身上，我体会到：人活着，就要不断前行，在任何环境下都要保持自己的追求。有人说，一个男人变老的两大标志是不断后退的发际线和不断增长的腰围。其实，一个人真正变老的标志是，他觉得人生一眼望得到头，不会再有改变，于是放弃了学习，放弃了提升自己。

长大之后，我遇到过很多“活死人”，他们也让我一度觉得就这么行尸走肉般活着也是一种生活方式，这就是人们常说的“妥协”，或者说“求安稳，别瞎想”。

幸运的是，我身边有很多不甘心“英年早逝”的人，在不断的折腾中，打磨出了生命的精彩。比如不在乎输赢只是认真做手机的罗永浩，成立新精英帮助无数人规划职场的古典，他们都曾是新东方的优秀教师，在自己专业领域取得傲人成绩后，又在其他战场上所向披靡。

我在新东方任教已经5年，在这样一个大公司里上班，想要见传说中的俞敏洪老师一面并不容易。成为集团演讲师后，我才有了更多的机会和他一起工作。

有一次和俞老师去兰州演讲，坐的是早班机。刚上飞机时，大家还有些精神，有人拿出电脑工作。过了一会儿，困意来袭，不少人开始睡觉。我也感到有些疲惫，听着音乐闭目养神，毕竟下了飞机还有几场演讲要做，要保持兴奋的状态。迷迷糊糊正要睡着，我看到俞老师拿出电脑，开始处理一些工作。一觉醒来，他仍然盯着一份文件，不时快速敲击着键盘。

近两年，包括哈佛、耶鲁在内的美国顶尖大学，陆续设立网络学习平台——MOOC，在网上提供免费课程，让每个人都有机会免费获得高品质教育。MOOC 目前还在探索阶段，国内还没有学校较大范围尝试 MOOC 教学。

在外地出差的时候，我们坐在一辆颠簸的汽车上，俞老师用电脑回复了一些工作邮件，然后就在网上查找关于 MOOC 的信息和资料。一边查资料，俞老师一边问我："艾力，你对 MOOC 的想法是什么？"

表达了自己的观点后，他告诉我，从最初为了生存创办新东方，到新东方今天成为国内最大的教育机构，市场利益已经不是考虑的重点了。现在他更专注于教育本身，希望把优质的教育资源免费分享给所有人。

去年冬天，一次滑雪时，俞老师意外摔断了腿，每天都只能坐轮椅出行。几个月的恢复期，新东方的每次重要会议，他都坚持出席，其他工作也一点没耽误。在很多人眼里，经过 20 多年的奋斗，俞老师已经完全可以坐拥新东方的辉煌，好好享受人生了，但他却丝毫没有停下前进的脚步，每天 6 点起床，晚上 12 点睡觉，平均工作时间 10 个小时以上。对于教育事业的追求，他还在不断往前开拓、探索。

对于他而言，成功与幸福都不再是目的地，他始终行走在追求更好的道路上。没有最优秀，只有更优秀。

比我们更牛的人还在不断努力，卓越无极限，我们怎能轻易停下脚步？

## 从“差不多”到“差很多”

菲茨杰拉德在《了不起的盖茨比》一书的序言中说，生命犹如逆流而上的小舟，你努力前行，却不断被向后推去。

这种生命的无力感每个人都体会过。我们不可能每一天都保持十足的状态投入学习、生活，总有累得想停下来的时候。

有的人休息一下，继续前行。有的人，却永远地停了下来，觉得人生这样就很好了。

胡适在《差不多先生传》中写了一个中国最有名的人。

提起此人，人人皆晓，处处闻名。他姓差，名不多，是各省各县各村人氏。你一定见过他，一定听过别人谈起他。差不多先生的名字天天挂在大家的口头，因为他是中国全国人的代表。

差不多先生的相貌和你和我都差不多。他有一双眼睛，但看得不很清楚；有两只耳朵，但听得不很分明；有鼻子和嘴，但他对于气味和口味都不很讲究。他的脑子也不小，但他的记性却不很精明，他的思想也不很细密。

他常常说：“凡事只要差不多，就好了。何必太精明呢？”

他小的时候，他妈叫他去买红糖，他买了白糖回来。他妈骂他，他摇摇头说：“红糖白糖不是差不多吗？”

他在学堂的时候，先生问他：“直隶省的西边是哪一省？”

他说是陕西。先生说，“错了。是山西，不是陕西。”他说：“陕西同山西，不是差不多……”

临死前，他一口气断断续续地说道：“活人同死人也差……差……差不多，……凡事只要……差……差……不多……就……好了，……何……何……必……太……太认真呢？”

“差不多”先生，就是这类人的写真，凡事差不多就好了，人生差不多就好了。“差不多”常常满足于自己已有的成绩，殊不知，在你停下脚步时，会被无数人超越。到最后，差不多就会变成差很多。

世界足球王国巴西曾经有辉煌的世界杯战绩，巅峰时期几乎是不可战胜的。2002年世界杯决赛巴西队2∶0取胜，又一次拿到了冠军。从那之后，巴西队开始了吃老本，自大、傲慢地不肯向欧洲强队学习，还是保持自己的慢节奏，很自信地认为靠自己细腻的脚法就可以取胜，也不注重青训系统，培养更多的人才。

2014年世界杯半决赛上，巴西对阵德国。巴西带着自己的老本出场，但当全队唯一的核心内马尔缺席后，只剩下一群保安、城管、清洁工，德国却带着自己一个团队的战车，克洛泽、格策、穆勒、厄齐尔、克罗斯，德国强大的青训系统训练出的每一个球员都光芒四射。

比赛开始，五星巴西上半场就被日耳曼战车碾压出5个大窟窿，下半场德国人毫不留情又撒了两勺盐。最终，巴西1∶7惨败德国。这个比分令人难以置信，但确实真实发生了。韩乔生评论说：“这简直就是屠杀，这一天必将成为整个巴西王国的国难日！”

接下来的三、四名决赛——巴西vs荷兰，刚被血洗的东道主巴西本该为自己雪耻，却再次0∶3输给荷兰。曾经的足球王国如今成为其他球队刷数据的对象。不少人慨叹，本以为瘦死的骆驼比马大，但巴西已经不是骆驼，是羊驼了。

生命如逆水行舟，不进则退。不管奋力前行了多少个日夜，一时的松懈就会被打回原点，甚至永不翻身。

我属于那种很容易长胖的类型，即使和别人吃得一样多，也很容易长肉，要想保持身材，不但要克制食欲，还要靠艰苦卓绝的运动。高考时我的体重达到了180多斤，之后经过很大的努力，才终于达到了自己比较满意的状态。但如果我不能随时保持对食物的警惕，给我十天时间，我可能就又会像吹气一样胖起来，回归圆脸小胖子。平时我自己在北京生活，还能时时注意，但回到家就挡都挡不住了。

中国妈妈的共性很多，其中有一条，就是对你胃的关心。只要游子回到家，几乎所有的妈妈都会关心地说："孩子，你怎么又瘦了，是不是在外面生活得不好啊？在家这几天，我好好给你补补啊。只有身体好了，才能工作好啊。"然后，端出自己的拿手好菜，让你就算有心减肥或控制体重，也依然无法阻挡母爱和美食的诱惑。

今年春节回家，每天吃着妈妈做的大盘鸡和馕包肉，半个月内，在健身房洒下无数汗水和花费大量金钱塑造的好身材就被打得面目全非。

回到北京，我去给某品牌拍广告，工作人员见到我第一句话就是："你胖炸了。"为上镜考虑，我化妆时不得不打很多的阴影。之前比较瘦的时候，每次出镜只需要简单地涂点化妆品，脸就会显得很立体，也很上镜。这一次，即便打了那么多阴影，当我把拍出来的平面图发给朋友的时候，朋友还是毫不留情地说："这真的是你拍的广告吗，你不说我真的认不出来了。半个月不见，怎么就变这么胖了？"

三月不减肥，四月徒伤悲。在增肌减肥的道路上，我已经深刻地感受到，一旦停下来，可能就会导致毁灭性的后果。很多人苦吃一个月的黄瓜、苹果减肥，经不住诱惑又补了几次肯德基全家桶，结果功亏一篑。然后，就没有然后了。

很多人说成功是阶梯，在我看来，它其实更像是仓鼠转的轮盘，要不断踏动。攀登时，如果向上看，就会更努力地往上爬；如果总是向下看，可能就停滞不前了。向上的路每一步都那么艰难，但我们只能选择前行。

# 论一只乌龟的自我修养

我和你是有差距的，我的童年没有玩具，只有大自然的泥土、虫鸣。我的休闲方式只有书本，没有电脑、音乐、游戏。我的假期没有游乐园，没有朋友们的欢聚，只有干不完的农活。

这段文字出自前几年很火的一篇帖子——《我用了18年，才可以和你一起喝咖啡》，作者感叹：公平是相对的，不公平是绝对的。

对这句话我也深以为然，这世界上从来不存在所谓的公平，多少人一开始就输在了起跑线上。

龟兔赛跑的世界里，兔子似乎是永远的赢家，而我们大多数人，生来就像是那只慢吞吞的乌龟，起跑时看到的已经是别人的背影。何况现实中的兔子们，很少会停下来喝水、睡觉、打游戏，他们一直在奔跑，穿的还是最好的跑鞋。

中考、高考，我都以优异的成绩考入最好的学校，学习的同时，还踢足球、弹吉他、参加演讲比赛，在学校里小有名气，觉得自己很优秀。进入北大后，我发现世界远比自己想象中还要大得多。宿舍里，我的舍友都是各地来的高考状元，个个是学霸，典型的别人家的孩子，从小到大集万千宠爱于一身。到了班上，班里的同学，随便点一个，可能都是数理化等学科竞赛的金牌得主。

第一次计算机课，我诚惶诚恐地盯着教材上那些完全看不懂的东西，然后用虔诚的眼神望着老师，期待他的耐心讲解。这位老师扫了一眼教材，轻松地说道："这个你们应该在高中学过。我就不仔细讲了。"看着周围的同学频频点头，我只好收起自己的惊讶，回到宿舍开始拼命地补课。最初，我还以为这些同学只是在不懂装懂，后来彼此熟悉了，才发现他们是真懂，其中一个哥们更是牛到在高中就得了世界计算机比赛的大奖，老师讲的东西他早已烂熟于心。

熬了两个月，到了大一入校后的第一个国庆节，有足足 10 天假期。我心想，这些学霸"兔子们"怎么也会稍微休息一下，给我这乌龟点补课的机会了。假期第一天，我发现所有人都待在宿舍上自习。我又想，到了晚上他们总会歇歇，出去玩一会儿了吧。结果，他们和平常一样学到深夜。

我开始抓狂了，这不是我想象的大学生活，就算我不吃不睡，也很难赶上别人的进度。

大二时，我作为北大英语协会会长负责接待来自美国斯坦福大学的交换生，和大四男生Christian成了朋友。他会六国语言，不是只会说“你好，谢谢，对不起”，而是可以用六国语言在文学、哲学、历史等多领域深入交流。假期他还会去肯尼亚救助非洲儿童。他外形阳光帅气，人也十分谦和。本来我觉得自己的英语、汉语以及母语维吾尔语都相当不错了，但是和他一比，瞬间被秒成渣。

“学语言其实很容易，只要专注认真学，6门语言可以轻松掌握。课余时间为什么要死学习呢，假期环游欧洲会让你了解更多过去未曾发现的美好。GPA并不是衡量大学生的标准，只要跟上老师的节奏，并提前钻研，拿到高分和发论文也不会太难。”他说的每句话乍一听都感觉是在炫耀，但其实他并不是真的在炫耀，他已经谦和到极点，只是我当时所处的层次真的太低了。

遇到这种人，恐怕很多人的第一反应是：反正我怎么努力也追不上了，就这样得过且过吧。可心里有个声音在告诉我：努力一点算一点，虽不能至，心向往之。

没错，我们可以选择躺在地上赖着不动：反正我的起点低，反正我家庭不如别人，有无数个“反正”等着你。但是没有人会看你一眼，每个人都在前行。当别人在飞翔，你依然躺在地上，恐怕你一生的时间都只能用来数伤口了。

人最难的是面对真实的自己，面对自己的差距时，很多人总是像鸵鸟，把头深深地埋下去，假装看不到外面的世界。

在新东方教托福课时，我总是一开始就让学生做真题，让他们知道自己的真实水平。

一般来说，想进入美国大学学习，托福成绩要达到 110 分，口语部分拿到 24 分以上才能去好的学校，而大部分中国学生在课堂上第一次做真题的成绩只有 14 分，这两者的差距很容易打碎一个人的自信心。有的老师害怕学生受打击太大一蹶不振，就先讲课，学得差不多了再做真题。而我认为，在学习之初，就该明确地知道自己真实水平和学习目标的差距有多远，知道要努力走多远的路才能到达彼岸。

最大的勇敢是知道自己的差距很大，依然勇敢去追赶。

人都不是生活在真空里，原生家庭环境确实让我们处在不同的起跑线上。无论是网上热议的记录国外不同阶层孩子人生轨迹的《人生七年》纪录片，还是《寒门难再出贵子》的 HR 的工作经历，都在传递着一个观念：阶级很难逾越，父母的人生很大程度上决定了你的未来。

这世界上，再也没有比认命更好的自暴自弃的借口了。

刚进新东方的时候，作为一个新人，我必须比一般人认真很多，才能早日赶上其他老师的教学水平。在教学之余，为了锻炼自己，我几乎参加了所有能参与的外地演讲。

因为前一天晚上在北京还有课要上，所以外出演讲的时候，我经常是在深夜到达某地，早上立刻开始工作，每天在一个城市从东跑到西讲两场是家常便饭，也经历过一天辗转三个城市讲课的辛苦。经常没时间睡觉，也没时间吃饭，这些我都觉得无所谓，只要路上有半小时可以打个盹就很满足了。就这样，辛苦奔波、埋头苦干，24岁时，我成了新东方集团最年轻的集团演讲师。

2013年9月，我第一次以集团演讲师身份去合肥演讲。按照集团规定，不同级别的演讲师，接待标准也不同。我第一次被安排住进一家四星级酒店，进门后，我只有一个感觉："太豪华了，还是个套间。"

在房间里，我转悠了半天，也不愿躺到床上，怕弄皱那干净整齐的床单。

后来，我坐到沙发上，透过落地窗看着楼下的车来车往。我曾经也是下面车水马龙中匆匆行走的路人，很多次路过高楼大厦，我也会不经意地抬头看看，想象一下住在里面的人的生活，也会觉得那么贵的酒店自己也许永远没有机会进去住一晚。然而，不经意间，我也可以在楼上看风景了。

也许我们都是那只慢吞吞的乌龟，是那个从起跑就落在后面的人，看着前面努力奔跑的兔子，至少你不能自暴自弃，通过追赶，知道前进的方向，同时看清自己的位置，努力一些，再努力一些。

无论在怎样的起跑线上，奔跑的努力都不应被放弃。

# 停一停，再继续前行！

我一直把自己当超人。

小时候被父母反锁在家里，为了逃出去打游戏，从二楼窗口爬到一楼公共阳台，那时候根本没想过摔下去的后果。

在学校学习时，觉得自己怎么熬夜也生不了病，为了考上最好的高中、大学，连续数月每天只睡四个小时是常事。

工作中，我也觉得自己有使不完的劲。几年前，我在新东方负责面试招聘。别人一天最多安排面试 15 个人，我给自己安排 40 个人。每天连续 8 小时面试，中午只留 10 分钟吃饭。初衷很简单：为酷学酷玩这个项目考虑，如果我多去名牌高校宣讲、面试，就会网罗到更多优秀的人才。最后上岗的老师里，我负责的项目中北大、清华毕业生的比例最高。

连续一周的高强度招聘工作后，我的身体出问题了，开始只是简单咳嗽，后来已经咳到没法说出一句完整的话来。被同事拖去医院检查，拍了

X光片之后，大夫告诉我：你的肺里黑了一大块，必须挂五天吊瓶。

那一刻，我突然认识到，自己不是超人，而是个傻子。

但我依然没有休息，上午9点有面试，我就在7点去打吊针。晚上8点面试结束后，夜里安排第二天的面试。但我知道，忙完这段以后我必须休息。

很多人像我一样，不到病倒那一刻，就不会给自己一刻时间喘息。

“在生死临界点的时候，你会发现，任何的加班（长期熬夜等于慢性自杀），给自己太多的压力，买房买车的需求，这些都是浮云。如果有时间，好好陪陪你的孩子，把买车的钱给父母亲买双鞋子，不要拼命去换什么大房子，和相爱的人在一起，蜗居也温暖。”2011年4月19日凌晨3点，复旦大学青年教师于娟辞世，留下了70多篇“癌症日记”，其中的这段话瞬间击中了我。

在网上还看到过另外一个漂亮女生的讣告：

“她去世前在中金，前两年在毕马威。28岁，投行女，漂北京，无男友。高工资，高压力，生活无规律，加班到晚上10点是常事，忙到没时间给自己做饭，只好DQ、味千……甚至去超市觅食，喝奶茶等富含添加剂的饮料，最终因为胃癌去世。”

我的同学和朋友里有不少令人羡慕的精英，他们在国外读博，在投行里大展拳脚，是别人眼中的天之骄子。工作后，我们很少有时间聚会。一起吃饭最多的场景就是在彼此的公司楼下，匆匆赶来，一起吃套餐聊天，讲述宏图大志，偶尔有克制地抱怨下职场的生活，一小时后再赶回去继续工作。

不是含着金汤匙出生的人，越有天赋，希望自己站到金字塔顶的愿望也就越强烈。

同样在公司做事，别人很快升职加薪，出差坐商务舱去迪拜、巴黎，而你只能坐经济舱在国内来回飞，即使原来没有攀比心的人，那些物质和职场位置带来的成就感也会让人迷失。

努力永不止步。但有的时候，要学会让自己停下来。

过去，我的人生像个陀螺，总害怕停下来就再也起不来，失去自己的位置。我不断让自己主动或者被动地接受鞭子的抽打。

但真正的陀螺高手知道，最好的方式是，保持节奏，而不是一直狂抽猛打。

过去的几年中，我经常去各地做讲座，光是山东就去了二十多次。在此过程中，别说没游览过各地风景，就是驰名中外的泰山都没爬过。去年到日照讲座，上午、中午各讲了一场，因为那些内容讲了太多遍，加上极度的疲劳，我已经不知道自己到底在讲什么。感觉人生就是从讲座 A 到讲座 B，当一个人肉复读机。

中午吃饭时，为了省时间，我照例是机械地往嘴里填东西，想着明天的工作安排。听到一位同事谈起了自己爬泰山的经历，我突然停下来了：为什么我就不能来一场说走就走的旅行？

下午 4 点坐上火车，背着笔记本电脑和一堆书，穿着西服和皮鞋的我就这样开始了登山之旅。到泰山脚下已经是晚上 10 点，本来以为只有我一个人在爬山，没想到人头攒动，很多人都在深夜登山看日出。跟随着人群，我慢慢往上走，一步步攀登。

看到日出的那一刻，我的心变得柔软。

人是为了一个又一个美好的瞬间而活。

最近，隔一段时间，我就会到五道口的一家茶室，给自己的身心放放假。几个小时里，完全放空，静静喝茶，读上一本需要静心去读的书。

对我来说，温一盏茶，慢慢品味是一种最好的休憩。于丹老师说，“茶”字是人在草和木之间，也就是说品一盏茶，真正的味道不在水里，不在杯中，而是人归山林。

上班的时候，早去 10 分钟，在工作之前，把桌子整理好，摆上自己喜欢的杯子，慢慢泡一杯茶，或一杯咖啡，在香气氤氲里沉淀下来，笃定地迎接一天的挑战。在每一天的忙碌里，我也学会了为自己的内心松松绑。

人生如转蓬，但并非夙夜无休闲。为了生活，为了梦想，努力奔波。但是，偶尔我们也可以停下来，休息一下，继续出发。

# 番外篇

EXTRA STORY /

你一年的8760小时

天上的星星还是尘世的幸福，都不重要。

重要的是，我们爱过的人的声音，

在那些最幸福的和声之中。

# 不必急着跟孤独说再见

2015年的光棍节，我在美国度过，依然是一个人。已经记不清这是单身的第几年。

我在大都会博物馆看以前在课本上看过无数次的世界名画，在时代广场看夜色中的人群，去百老汇看 Stephen Colbert 的脱口秀，登上帝国大厦俯瞰纽约。

那些年少时就曾梦想要去看的美景，一一真实地展现在我眼前。只是过去的梦里，是两个人一起走遍世界。

孤独，如影随形。

孤独是种什么样的体验?

孤独是在参加别人婚礼时永远都是一个人，而不是 plus one（附加一位）。

孤独是冬天冻得睡不着，手脚发麻，没有温香软玉。

孤独是参加肯德基第二杯饮料半价的优惠，自己要喝掉两瓶。人说有情饮水饱，没情人也能喝到水饱。

孤独是无论身在何方都要受到大街上情侣花式秀恩爱的虐待，那同情中不乏怜悯的目光能在瞬间把单身狗虐成空血。更糟的是，光棍节自己走在大街上切身感受到来自四面八方的一万点魔法伤害。

孤独让我习惯了一个人面对生活的压力和挑战，一个人处理琐事，就连生病去医院打吊针时，也是一个人在医院的长廊中背着西班牙语等待时间过去。

很多人会觉得单身是世界上最悲惨的事。世俗眼光中，单身意味着你乏善可陈，没有魅力让人去爱，毫无存在价值。一个女人要是没人爱慕，她可能会很难得到同性友人的尊重；一个男人长时间没有女朋友，更会引来各种猜测。行还是不行，这是个问题。

过去两年，上了《奇葩说》《超级演说家》后，我被贴上了各种标签——高颜值、正能量男神、北大学霸。有没有女朋友，什么时候找女朋友，似乎成为我在每个社交场合必被问到的话题。大多时候，我只是笑一笑，然后开个玩笑转移话题，不愿意承认内心的敏感。

青春期累积的自卑感还在，总觉得没有人会爱上那个光环之外真实的自己。

初中时起，身边的哥们陆续都有了爱情。大家欢聚在 KTV 搂着各自小女友情深深雨蒙蒙，我则一个人拿起麦克唱《单身情歌》，一边唱一边想：我就这么不值得人爱吗？

万念俱灰时，总会有个人像一束光照进你漆黑的心，像《双城记》中的卡顿遇到露西。

明知道她爱的是别人，依然攒了一个月的午饭钱帮她买礼物给那个男孩。那时我爱的人，灿如春花，一个微笑就能打动人。对我而言，远远地望她一眼就是幸福。

看了又看，还是不知如何是好。

在北大读书时，我是个体重180斤的萌萌的小胖子。没走上社会的我，并不知世事艰难，终日和《魔兽世界》为伴，缺乏在现实生活里与异性沟通的能力。

唯一一次鼓足勇气递出一封情书，我笨拙地用五段议论文的句式论证了为什么和我在一起会幸福。人家写情书写的是散文，洒狗血外带还洒几滴眼泪，我写的却是议论文，掐头去尾“总分总”的结构，中间论述了“为什么你和我在一起会幸福”，这是典型的托福写作的结构。这也是十年后我托福写作能得满分的基础。

我满怀期待地看着她，那封信被当着我的面扔进了垃圾桶。

那一刻我非常尴尬，我在想，为什么不能一起好好地玩耍？那时的我不明白，感情这事确实强求不来，没感觉就是没感觉，做再多的事对方也不会有任何感觉。我喜欢香蕉，但你给我送了一车苹果，即使你把自己感动了，也感动不了我。现在的我当然想开了，当时却想不开。

整个青春期，我追女生的经历都以失败告终，最绝望的时刻，我曾走上九楼楼顶，想纵身一跃而下，觉得这世界上没有我的存在，可能会更美好。但由于恐高，没能迈出那一步。

别怪她没看到你的好，只怪你自己不够优秀。

那些我曾爱过的人，教我成为更好的自己。

为了追女生，我苦学弹吉他。在看脸的时代，颜值高的人只靠脸就能吸引女生，而外表欠佳的人，只能寄希望于靠某种特长来吸引女生注意。学弹琴的人长相总是有些对不住观众，很多吉他弹得好的人，体态都比较胖，何况我学的还是古典吉他。那时我 180 斤的身躯，再次证明了这一事实。

一个男人想让女人倾慕的欲望是很强烈的，为了能给女生留下好印象，我也拼了命。别人一个月练不好的曲子，我一周就练成了。到现在我还能弹奏《天空之城》。

从前那个只会让女生多喝热水的我，在很多年后变成了随时随地会给小伙伴们带酸奶和水果的暖男，更因为湉湉姐那句“暖男是男人中的绿茶婊”在另一个领域出了名。我对减肥的自控力让女生都惊讶，我可以午饭只吃蔬菜晚饭完全不吃，连续工作 12 小时后再去健身房跑 2 个小时。就这样，我的体重从 180 斤减到 140 斤，保持 6 块腹肌，脸上也不再有婴儿肥，开始被人叫作“男神”。

而爱人，依然没有到来。

如果不出国旅行，每一个和情侣有关的节日，我都会在工作中度过。把课表排满10小时，深夜到家把自己扔到床上沉沉睡去，心就麻木得不再有痛感。

2015年的情人节，和薇薇、湉湉、肖骁在火锅店和《奇葩说》的网友聊弹幕度过。几个单身的人互相取暖，倒也不觉得孤单。氤氲的热气里，没人看到湿的眼眶，吃饱了，心就不那么空。

深夜，人群散去，回到一个人的小屋，生活还要继续。

不久前，收到我的“沈佳宜”婚礼的请柬。我去了，坦然又平静。

没有像《那些年一起追的女孩》中，抱着新郎大吻特吻，没有像《夏洛特烦恼》中那样强颜欢笑假扮一朝得志的大款，希望女主角后悔当年瞎了眼。

我只是静静看着，除了祝福，还是祝福。

天上的星星还是尘世的幸福，都不重要。重要的是，我们爱过的人的声音，在那些最幸福的和声之中。

# 和华语圈最奇葩的人辩论是怎样的体验

因参加“说话达人”选秀节目《奇葩说》，很多人认识了我。

说实话，参加这个节目的初衷真的是冲着“辩论”这两个字去的。可能从外表看不出来，但我真的酷爱辩论，喜欢高逼格的就事论事的辩论。节目组跟我说：“这是个严肃的辩论节目，有众多超级牛的辩手。”此前在《超级演说家》上没机会和马薇薇交锋，我也想借此机会和薇薇姐辩论、交流，就兴致勃勃地去了。

海选在郊区进行，当时有种自己被拐卖到偏远山区的感觉，但过程很顺利，感觉还不错。可第一次真正录制时，我被尺度吓到了。原来所谓的“严肃的辩论节目”是要打引号的，而且这引号也太大了点。我并不是生活在真空里，也关心时事，那些话题和朋友们聊天时也会听到，但在正式场合，刚开始还是非常不适应——我的“老师包袱”太重了，总会考虑我的学生们的感受，于是变得束手束脚。很多未播出部分更为劲爆，比如

Hold住姐现场带了很多情趣用品，让我完全把持不住。当听到我一向敬重的马东老师也说出“没下限”“没节操”的话时，我一下乱了阵脚。

正如大家在头几期节目中看到的，我找不到状态和节奏，整个人语无伦次，站都站不直。想幽默点却没综艺咖的趣味，说严肃的话又被整得狗血淋头。我也想像其他选手那样拿出精力全情投入，可我的日程排得很紧，总是要上午上课下午匆匆跑去录节目，然后再深夜赶回来，无论回到家是凌晨3点还是何时，我都会6点起来发微博带大家早起，然后准备一天的课程和其他工作。比如周二录节目，其他选手周日周一就能到，大家一起准备辩题，聊得很high。虽然每次录节目我都去得比较晚，跟大家交流机会比较少，但关系还算融洽，我也不时给大家买酸奶、零食。这也是“暖男”称号的由来。也不是刻意去做，只是平时在公司已经习惯了，被同事们戏称为“酸奶工”。

通过参加《奇葩说》，我从马东老师身上学会了打开自己，要好好说话，说人话，端得太久自己也会累；从蔡康永老师身上学会了说话之道，有些人说话像机关枪，速度快但杀伤力不足，有些人说话则像射箭，箭箭穿心；和高晓松老师气味相投，喜欢读书，喜欢经典，喜欢装逼、搞学问。我甚至发誓，要做高晓松的侄子——高逼格。

我在这里还认识了很多的好朋友。虽然薇薇姐已经离开新东方很久了，遇到一起还是有新东方老师之间的默契，她的一个眼神就能让我心领神会。她见到我也不知道什么原因，瞬间就严肃起来，我们又回到了教书育人的轨道上。湉湉姐每次抓住我就“骂”，而对于她的“骂”，我就理解为各种爱。她是个非常有深度的人，每次和她一聊就是几个小时，没有琼瑶戏里的花花草草星星月亮诗词歌赋，聊的是哲学、宗教。如晶在生活中可爱得要死，但经常被肖骁各种调戏。如果这世界上有人不喜欢如晶，那他可能已失去了对“爱”的感知能力。从《超级演说家》到《奇葩说》，我和肖骁早就认识，一直到现在。他是个内心坚强的纯爷们，历经沧桑，外表温柔，但内心坚强，我们永远是好同志。第二季的冠军邱晨也是我在《超级演说家》时就认识的老朋友，在演讲的舞台上我曾险胜，在辩论的赛场上我调侃说自己也为她的夺冠尽了力。

在参加《奇葩说》之前，我做的是英文辩论。我特别喜欢一句话，“我可能不同意你的观点，但我会誓死捍卫你发表观点的权利”。在我们这个社会，更需要一个能够自由表达自己观点的节目存在。做 BP（英国议会制辩论）的时候，语速很快，知识点多，不讲故事，可能会比较无聊，并不像《奇葩说》的选手说的那么有趣。于是我上场以后就被大家各种调侃。我上《超级演说家》的时候，大家觉得这个人讲得很棒，就各种夸。我上《奇葩说》的时候，大家又觉得这个人很烂，就各种骂。这都很正常。

你表现好的时候，别人夸你，你可以接受。你表现不好的时候，别人骂你，你为什么接受不了？参加这个节目，增强了我的心理素质。一个人想成功，最关键的就是要有强大的心理素质。当别人骂你、说你的时候，你都可以坚持下来，相信未来的成功也离你不远了。

正如俞敏洪老师所说：“心理素质某种意义上是锻炼出来的。你要知道在这个世界上，如果有人讽刺你、打击你，或者你自己觉得处于非常低的状态，其实是一件特别正常的事情。不要太在乎别人对你的看法。这个世界上，看得上你的人、天天赞扬的人极少。每天关注你，天天想批判你，或者想看你好看的人极多。这是人性的必然性。你自己要做的是如何屏蔽这些负面信息，把自己的正能量调动起来。这是最重要的。”

录制这档节目最大的收获是：学会不同的场合扮演好不同的角色。上课要有老师的样子，录节目的时候就要娱乐大众。老师最大的特点是到哪里都习惯讲道理，也许在课堂那个特定场合下需要这样的权威性，但这在《奇葩说》的舞台上就略显做作。既然做的是娱乐节目，就要为观众着想，把各种能力发挥到最佳。

我一直在反省，在改变。这个过程像爬坡一样，需要很多的努力和耐心，前面的路总是远得望不到头。

人要有很多努力，才能显得毫不费力。刚开始我总是想模仿别人：薇薇的逻辑，如晶的可爱，湉湉的霸气，邱晨的理性，甚至是肖骁的骚气。但那都是别人，不是自己。结果可想而知：学谁都不像。这时我才发现，应该找到自己独有的属性。

一开始我确实很排斥“草叉”这个外号，最后我拿了草帽和叉子到现场。

习惯了自黑，反而放下了包袱。

马东说，“被误会是表达者的宿命”，我深以为然。语言，一旦成了人与人沟通的唯一工具，寻找和孤独便将伴随一生。所幸，这个时代有《奇葩说》这样的节目存在。即使辩论不能改变这个世界，至少可以改变生活在这个世界上的我们。

不论断，不贴标签，没有定见，读取事物的本来面貌。

“猝然临之而不惊，无故加之而不怒。”我，正在努力着。

# 掀起你的盖头来

作为一名在北京任教的新疆维吾尔族老师，我经常会被一些可爱的同学问到一些可爱的问题。

有同学知道我从新疆来，就特别激动地抓着我的手说："老师，我可喜欢新疆了，我一直想去新疆体验一下那种住在大草原上大口吃肉、骑马射箭的日子。老师你平时骑什么马上学？"这个时候会有另外一个"懂事"的孩子过来说："你怎么这么笨，太没有文化了，老师怎么可能骑马上学，老师明明骑毛驴上学。""那老师您总会跳舞吧？新疆人跳舞都跳得特别好，那首《掀起你的盖头来》，老师赶紧给我们跳一个，您肯定会扭脖子，给我们扭一个。"每次遇到类似的问题，我都特别感慨这个标签化的时代：大家一知道我是新疆人，就以为我天生会骑马、跳舞、烤羊肉，这和那首歌里唱的刚好相反，不是掀开我的盖头认识我，而是给我盖上那个盖头，贴上标签，标签上写着"新疆人"三个字，而标签后的我是谁、会做什么，已经不重要了。

其实一开始我对这个“盖头”也无所谓，被大家记住，逗大家开心也不错。甚至那个“切糕”事件发生后，我都拿这个开自己的玩笑“我的天，一瞬间我就变成‘高富帅’了”。但我后来意识到，这个“盖头”绝对是弊大于利，因为这种盲目的标签化行为发展到最后将会演变成歧视。为什么会有这样的事发生呢，每一个地区、每一个民族的人都有好有坏，如果我们盲目地以偏概全，无疑会让大部分好人陷入痛苦中，只能在心里默默地流泪。从那时起，我就给自己一份使命：传播阳光和笑容，让更多人认识新疆，了解新疆，爱上新疆。

我观察后发现，这种贴标签的行为不仅仅只针对新疆人，几乎所有人都会“躺枪”。比如大家想到东北人就会觉得他们性情彪悍，天生抗冻；想到“九零后”则认为他们自私自利，不负责任；想到“大妈”就想到广场舞。标签化的行为让所有人成为了受害者，并不断地加剧社会当中不同人群之间的隔阂。

其实很多问题，归根结底是教育的问题。

小学到中学，我们的教育体系里最重要的就是两个字——提分。一切为了高考，人格教育往后排。老师在课堂上会不断讲述提分的技巧，却忽视了教育学生独立思考的能力，这导致很多人遇到问题时会不假思索就做出判断，以偏概全、以点概面。

我曾经在课堂上做过一个实验：放了八个人的照片，让同学们判断这里面谁有可能是坏人。这个实验我在不同的班级，初三到高三不同年龄段的学生中做了二十多次。让我惊讶的是，大部分人会选择同一个人——八个人中唯一的一位非洲裔美国人。

当我问这样选择的原因时，他们也说不出具体理由，只能用两个字来解释——感觉。

实际上，这八个人中没有一个是坏人，如果有的话，那个“坏人”是我，因为我问了一个具有引导性的“坏问题”。就是这样一个简单的引导，让大家把无知变成了偏见。当整个社会充满偏见，就会引发歧视甚至仇恨。上过我课的同学经过这些交流，大多会坦然面对他人的不同，如果没有接受过类似教育，那很容易在日常生活中给人贴标签。

具有讽刺意味的是，当我们给他人下定义贴标签时，自己也难免身受其害。

希望大家从今天起见到素未谋面的陌生人时能像那首歌里唱的一样，“掀起了你的盖头来，让我来看看你的脸”。但这一次要看的不仅仅是你的脸，更是你的为人，你的品行，不会因为你属于哪一个群体而妄加评判你，会试着了解你并尊重你，因为你和我都有欢笑和泪水，有悲痛和感动，有爱你的人和你爱的人，因为你和我没有那么大的不同。

# 这个时代，读书有用吗?

电影《精武门》中，李小龙饰演的陈真说了这样一句台词:“我读书少，你莫骗我。”马伯庸还专门写了一本书叫《我读书少，你可别骗我》，其实他阅读太多，思考太多，于是忍不住吐槽为快。

虽然我经常因为相信别人而上当受骗，但读的书还真不少。

和大部分人想的不一样，我其实是一个非常内向的人。只是身为老师，不得不表现得更加外向。身为一个演说者，更需要靠口才吃饭。装外向久了，自己都觉得好像从没内向过。

内心深处，我还是个安静的人，人少的时候坐在角落里一言不发。不想说话是因为，比起聚会我更喜欢自己待着，静静读书。

Books are the legacies that a great genius leaves to mankind, which are delivered down from generation to generation as presents to the posterity of those who are yet unborn.

**书籍是伟大的天才留给人类社会的财富，从上一代开始代代流传，作为给后世的礼物。**

喜欢读书的习惯是从小养成的，小时候父亲每天要求我读书，并且会给我念一些有趣的故事。他工作忙起来没法陪我时，我就自己读。小学二年级，我读了第一本小说，马克·吐温的《王子与贫儿》。这部经典的描写主人公互换角色和身份的小说，是现在很多影视剧和电视节目的素材原型，比如湖南卫视的综艺节目《变形计》。当时家境不算富裕的我，也幻想过某个和我长得差不多的有钱小孩和我互换身份之后的事。

这之后，我又疯狂地迷上了大仲马的《三个火枪手》《铁甲面具》以及经典的《基督山伯爵》。《基督山伯爵》光是在小学就读了八遍。我一边听着交响乐，一边幻想像基督山伯爵一样，发现一个神秘岛，获得无限财富，让自己变得更强大，找敌人复仇，虽然当时我完全不理解敌人这个概念。

即使小学六年级开始沉迷游戏，我也没离开读书，我喜欢玩RPG（角色扮演游戏），喜欢读游戏里讲的历史故事，玩《魔兽世界》时，我买了英文原版书，一句句啃着读完。

从《西方哲学史》到《罗马人的故事》，从《时代周刊》到《青春期健康》，读书时我并不挑食。工作后，经历了一段时间的迷茫后，我又捡起了书本。2014年，我成立了酷艾英语读书团，帮数万人养成了每周至少读一本书的习惯。

工作后的阅读会受到身边环境的影响，有人会觉得你很闲，还有人会觉得你在装。书读得越多，朋友貌似越少。电影《刺杀金正恩》的男主角扮演者弗兰科是个优秀的好莱坞演员，主持过奥斯卡颁奖典礼，有两个硕士学位，还攻读了博士学位，现在纽约大学教书。他常在拍戏现场读《荷马史诗》《奥德赛》，对周围人的眼神不以为然，还经常自黑，在电影里扮演各种流氓小混混、心理变态者。但这丝毫不影响他读书的热情。欧洲的演员大都是名校毕业，凭借《哈利·波特》系列红遍全球的艾玛·沃特森就以 straight A 的成绩踏入美国常春藤盟校布朗的校园。

网络时代，新读书无用论卷土重来。如果说读书只是获取知识的渠道，那确实有太多替代品。从电视、电影、新闻中都能获得更多信息，一部根据名著改编的电影可以让你两个小时体验速读原著的感觉，谷阿莫的“X分钟带你看电影”系列更是将了解一部原著的时间缩短到了极致。

读书之于大脑，好比锻炼之于身体。多读书才能思维敏捷，做事效率高，有更好的判断力，知道“有所为有所不为”。

“最近你如果莫名其妙地烦躁，要么是没怎么读书，要么是没怎么锻炼，或者是两者都没做到。”我微博上的这句话在网络上疯转，虽然转发时别人连错别字都没改，但有一点是共识：大家意识到不读书会心烦。

一个人只有安定时才能获得宁静，但有太多的事情让我们无法安定。也有人说，一周读一本书，一年52本，记得住吗？这其实是教育的失败。在国内，读书强调“记住”，好像只有背下来才算读了，每一段要做精读还要分层。而在国外更注重泛读，有量再做精读。有时候我读过一本书后，根本记不住书里写了什么，甚至连作者名字都忘记了。可读的过程中进行的思考是实实在在的，让人不断受益。

不同的书有不同的读法，弗朗西斯·培根在《论读书》里说：“有些书只需浅尝，有些书可以狼吞，有些书要细嚼慢咽，慢慢消化。也就是说，有的书只需选读，有的书只需浏览，有的书却必须全部精读。有些书不必去读原本，读读它们的节本就够了，但这仅限于内容不大重要的二流书籍：否则，删节过的往往就像蒸馏水一样，淡而无味。”

有精力有野心的时候，我会读一些出版至少两百年的书。有精力没野心的时候，读畅销的通俗易懂的书。没精力没野心的时候，读一些漫画杂志。

当今社会，什么年龄段读什么书，什么时间段读什么书，可以进行进一步分类。

小说要读自己最喜欢的，阅读最初都是因为兴趣。小时候我酷爱读骑士小说，后来了解到他们常年不怎么洗澡就失去了兴趣。长大后，更喜欢读名家大作，读的时候，我更多的是留心他们如何讲故事。

读工具书的目的更简单，就是为了要掌握某项技能。我们读的最多的工具书，是教科书。千万不能逐字逐句地读，一定要学会找重点。历史和哲学书，是我最喜欢阅读的书籍，读史使人明志，每一个我们犯过的错前人都犯过，读哲学能让一个人思维真正得到升华，去考虑生命的意义。少不读《水浒》，老不读《三国》，年纪太小时也别读太多哲学，初中时我的一个哥们读了太多哲学书，结果就是看他年纪只有十五岁，说出话来却似有着五丨岁的老成。

中国人喜欢谈论“术”和“道”，我无法告诉你读书能让你在多久内升职加薪，能让你怎样在世俗生活中如鱼得水，但我能够肯定的是，在任何时代，读书几乎是让你从原有阶层上升的最公平、最有效的通道了，在今天也不例外。

只管去读，不必在意结果。过程即是最好的结局。

# 顶上对话：新精英　新励志

## ——艾力·俞敏洪走进清华

主持人：二十六岁的艾力被贴上了很多标签，“成功”“青年精英”“正能量”“励志男神”……很多人通过《奇葩说》《超级演说家》等节目认识了他。他是新东方近两万名教师中十二位顶级集团讲师之一，也是其中最年轻的一位。他创造的早起团、读书团帮助数万人养成早起、阅读的好习惯。这样一位男神级的演讲天才如何逆袭？一个人如何靠自己取得成功？艾力在他的新书《你一年的8760小时》中给出了答案。

正如俞敏洪老师在该书序言中所说：“艾力的成功，让当下奋斗中的年轻人看到了一种真实存在的成功的可能性——一个人，即使没有任何背景，靠着日复一日的坚持和努力，学会聚焦，在一个领域做到极致，也能闯出属于自己的一片天地。”

二十年前，俞老师创办了新东方，激励了亿万学子；二十年后，艾力也以个人的奋斗历程激励了当下的读者。两位如何解读不同时代的“励志”？

俞敏洪：我当初办新东方跟梦想一点关系都没有，就是没钱，想赚钱。一个人有一个简单的点就行，就是艾力提到过的核心，就是总希望自己在某些方面让自己变得更好，更有知识野心，更有事业心。要记住这个度，人生不能纯粹地以钱和名为中心，当你把所有行为都转化成以钱、以攫取财富和名声为核心的时候，生命就走完了。

挣钱这件事，本身没有问题。钱本身是中性的，深刻的人会因为有钱而变得更加深刻，浅薄的人会因为有钱变得更加浅薄。

艾　力：我最喜欢俞老师的一点是他非常实在。确实是这样，大家为了钱去奋斗，没有必要感到羞耻，而未来你要做的事情更多的不仅是为了钱。新东方的励志教育非常成功，除了演讲之外，我们还有更多具体的方法。我特别喜欢玩游戏，今年主持了《暗黑破坏神 3》在中国的发布会，明年会去暴雪公司美国总部参观学习。我一直想做的就是把励志教育和游戏结合，无论是 34 枚金币时间管理法还是早起团，都希望通过游戏化的方式得到励志的效果。如果能把两者结合好，相信未来的励志教育可能会有更大的发展。

俞敏洪：艾力是特别自律的人，他的工作效率、学习效率和成长的速度都非常快。我对自己的未来是模糊规划的，不是说三年以后要做到什么地步，而是确保自己是正能量心态，保证自己每天都在渴望着某种成长，这种感觉还是非常重要的。人很难想清楚一辈子到底要干什么，大部分人一辈子也不太容易想清楚到底变成什么样子。但是，像艾力这样每天规划、进步，定好短期的目标，达到以后再定下一个目标，接力赛式的往前走，一辈子就真的能走出很远的距离。

主持人：艾力三年来已经花费了二十多万元帮助大家早起，其实他在生活中是极具俭朴的人，电脑和背包用了很多年都没换，坏了就修好再用。他今天穿了最贵的衬衣来到现场跟大家见面，价值三百多块。对自己超级严苛，但对他人无限宽容。正如俞老师在序言里写到的一个小故事，晚上十一点，艾力上完一天的课还在微信谈工作，聊着聊着发现没有动静了，后来才知道他累得坐在椅子上睡着了。

艾　力：大概是两年前，俞老师第一次邀请我和他一块出差。兰州机场离市区大概有七十多公里，在去市区的一个半小时里，大家都很累，闭目养神，只有俞老师打开电脑开始回复邮件。我想问俞老师这么拼命工作的动力是哪儿来的？

俞敏洪：其实倒不是动力，我有一个天生的好本领，就是在车上看电脑不头晕。原来我喜欢自己开车上下班，感觉挺好的。后来北京越来越堵车。再后来，我发现自己乘车出差，哪怕要七八个小时，也可以把一本书看完，可以在电脑中处理很多工作，或者写作。

前两天有个朋友跟我聊天，他写了一篇文章叫《俞敏洪的作息时间表》，讲了我一天大概怎么过的。晚上十二点肯定要睡，不管手边有多么重要的工作。我深深地意识到其实你熬夜熬到两点，第二天早上八点起来，一分钟都没有节约。除非有的时候实在没有办法。我现在保证十二点以前一定睡觉，早上六点半起来。我一定会洗个澡，一般是凉水澡，要让自己醒过来。醒过来以后，我就跑步。跑两三公里，不会多跑，觉得多跑会浪费时间。我又不想变成马拉松运动员，只要跑到舒适的程度就可以。我跑得比较快，就会出一身大汗，那个感觉特别好。有的时候汗出得多了，也会再洗一次澡，用水冲一下，一分钟就完了。

七点半到八点半处理一个小时的工作，除了回复电子邮件还有隔夜的工作短信、微信，一般是接上电脑，回起来的速度非常快。上班的话，就是九点半左右到办公室。一日三餐，每顿饭十分钟左右，到现在还是这个习惯。我吃完饭以后不会马上坐下来，一般会散步十分钟，消化一下，这样可以保持身体健康。同时，注重锻炼，比如冬天的时候滑雪。去年冬天没滑成，第一场雪的时候，就把脚摔折了，坐了三个多月的轮椅。游泳是一个礼拜两三次。再加上每天的散步，保证身体健康这件事情就有了。做任何事情的前提就是保持身体健康，艾力锻炼健身也是一样的道理。通过适当地锻炼身体，准时睡觉，睡眠质量就会好一些。睡眠质量好，做事情就可以集中精力。

主持人：你要很多努力才能看起来毫不费力。无论以何种意义的标准衡量，两位都靠个人奋斗取得了成功。有人说现在是拼爹、看脸的时代，年轻一代经常会问，靠自己奋斗还有上升的通道和空间吗？

艾　力：俞老师，包括我，我们肯定不是完全靠自己努力。正是因为有身边人的帮助，我们才有了今天。

很多人说拼爹的社会，我也想拼，可是我父亲已经去世了。有人说你颜值高，我姑且承认。我始终觉得一个人最关键的还是内在的气质。我也有很胖很难看的时候，最胖的时候 92 公斤，难看到我给女生情书，她当着我的面扔进了垃圾桶。我始终相信我们这个社会有更多的机遇给那些真正拼实力靠自己努力的人，并不是大家都需要走拼爹、看脸的途径才能成功。

我认为一个人最关键的是首先拼出来自己的特长，你起码可以在业内叫得上名。比如我的专长肯定是语言学习，以英语学习为主。我非常开心自己的托福口语和写作都是满分。当在某一个领域做好以后，再以点展开为面。最好的人才是 T 字型的，任何人在一个领域做到极致，再慢慢地扩散，就可以成为全才。我觉得这样会走得更顺、更快一些。

俞敏洪：拼爹、拼钱的人当然还会有。当下是比我们那个时候更加好的时代，原来我们那个时候的资源是有限的，信息也是有限的，掌握资源、掌握信息的人就会获得更多的好处。现在这个时代，好在移动互联网时代，所有的信息都是透明的，世界真正地扁平化。

我本人有一个理论，任何一个人一生的成功、成就或者幸福都来自他有意的努力加上无意的机遇。

人生一定需要有意地设定目标。大家到清华大学来，一定是你在中学获得了好的成绩。你不一定要到清华，但你想上中国最优秀名牌大学的愿望肯定是有的，否则你不会考到清华这么好的地方来。这种有意的努力，只要你的目标是正确的，一定要坚持。也许中间会遇到失败，但是，坚持的结果通常会更好一些。

我在人生中有意奋斗的目标有几个，比如进北大不是我有意奋斗的，但上大学是有意奋斗的。《中国合伙人》的电影大家看过，中间那个农村孩子要求母亲再让他考一年，确实发生在我身上。我当时的目标不是要上北大，就是想离开农村。在我们那个时代，如果不离开农村就是死路一条。“离开农村”这个目标我奋斗了整整三年。北大这个目标是超出意料之外的，我当时是想考普通的大学，把户口从农村迁到城里就行。你努力以后有可能达不到目标，但也有可能超越你的目标。所有这一切的来临只有一个可能性，就是你必须努力。艾力刚刚在演讲的时候说，人生很无常，你不知道明天发生什么事情。我们确实不知道明天发生什么事情。生命中有很多无常，但是我们不能因为生命中的无常就放弃自己的努力。比如，你希望自己活到一百岁，或者八十岁，你这辈子是怎么安置自己的？一个是终生目标，还有一个是阶段性目标。我的一些阶段性目标有实现的，也有没能实现的。即使没有实现，我还在努力。

当年我得了肺结核在医院里住院没事干，就利用剩余的时间背单词，我反正还要到北大上课，别回去的时候一点英语都不会了。这样就背了两三万个单词。当时没有任何目的。即使没有目的的进步也是进步。我后来之所以能够在北大立足，并成为北大教词汇最好的老师，后来又出来做新东方，跟我自己在医院背单词的事情密切相关。我出来以后办的第一个就是 GRE 词汇班。有意无意都要努力，我觉得会有好处。

但是，有时候你有意努力不一定会达到目标。比如我出国努力三年，被美国大使馆拒签。社会在变迁，时代在变迁，人与人之间的关系在变迁。这些变迁有的可以预料，有的不可预料。不可预料的东西，可能会给你带来某些机遇。当你的女朋友把你抛弃的时候，尽管悲伤，但你也要看到有千万的女性有了更好的机会，在等着你。我在北大被处分了，这对我来说是一个失败。这个东西所带来的意外机遇就是新东方的诞生。生命中有一得必有一失，这个一得也必须是你得付出并努力抓住，而不是躺在床上就能得到。我个人的感觉是人生一辈子的努力对你生命的丰富性还是很必要的。

主持人：两位的经历让我们感受到一点，即使只有 1% 成功的可能性也要不停努力奋斗，要付出 200% 的努力，才能看到曙光。两位心目中，什么样的人才是精英？

艾 力：首先，我平时特别不敢以精英自居，我习惯自称为逆袭的屌丝。我会在微博的首页放最胖的照片，不断提醒自己一定要接地气。精英这个东西，我始终不敢自己讲。大家可能会有一个划分，就是某些人是精英，某些人不是精英。现在这个社会，大家都为自己而奋斗，这是完全可以的。但是，因为自己的利益，完全变成只利己而不利他，是一件挺悲哀的事情。我自己对人生的定义，或者我对精英的定义，就是一定要做超出生命长度本身的事情。你做的这件事情如果只是为了你自己，当你离开这个世界的时候，你的消失就代表没有人记住你，你也没有为这个社会带来任何有意义的东西。你在这个社会上只是为了钱而奋斗，你走的时候就没有人记住你。如果你为他人奉献，作为利他主义者，你就会被大家以更好的形象记住。

不久前，我在成都演讲遇到电梯事故，电梯下坠，被关了整整半个小时。半个小时里，我开始回顾自己短暂的一生。当时在想，如果我真的出事离开这世界了，起码会有六千个人感谢我，我帮助他们养成了早起的习惯，对生活更有自信；起码我帮助过的一万多名学生会记住我，因为我对他们的生活产生了更加积极的作用。

也许做个利己主义者没有任何坏处，但当你离开世界的时候会觉得有一点遗憾。做一个利他主义者，你的人生至少充满了温暖。

俞敏洪：一个人总是想着利己的话是不会有利的。你不顾及别人的利益，你自己的世界会越来越小。人心都是肉长的，你想想看，如果你周围有一个人，他很聪明，却很自私，你就会离他远一点。在我身边，凡是又聪明，又特别精明的人，我一般不会把他当朋友看。我会分辨谁是又聪明又精明，又特别自私的人，我表面上会应付，但不会上当。我本人也是利他主义精神的弘扬者，我希望可以为周围的人带来更多的快乐、更多的帮助。我觉得这样做挺好的，你的世界会越来越大。

举一个简单的例子，现在各种各样求我办事的朋友挺多。因为到这个地步了，社会资源比较丰富。很多人孩子要上学，需要辅导，也会找我。我每天要花一两个小时来处理这些事，帮助别人就是帮助自己。你精明没有问题，你自我成长没有问题，但在自我成长的过程中，一定要考虑到别人的感受，帮助别人。这对我们生命的宽度和高度一定是有好处的。一个自私的只关注自己利益的人，不管你多么成功都不能叫作精英。在中国社会，真正的新精英的定义是既能够自我成长，又同时能够帮助这个社会进步的人。社会不仅是指中国，还包括世界。必须要有家国情怀，做出对于中国体制变革的探索、经济发展的探索、文化进步的探索，这就是我们这一代人的使命。

一个人能够发声和不发声是两个不同的概念。你不发声可能什么都没有，你发声了也可能什么都没有，但至少你发出声音了。留下你生命的痕迹，这件事情非常重要。

主持人：当艾力在《超级演说家》的舞台上分享他父亲和自己如何帮助别人的故事时，很多人潸然泪下，真正的成功是点亮更多人的人生。

艾　力：我希望的是每天都可以做一个比昨天优秀那么一点点的自己。只要你今天比昨天优秀一点点，相信你的未来会无限光明。

俞敏洪：任何一个人，应该用清澈、澄明的心境来为中华崛起而奋斗。

# 后　记

很荣幸《你一年的 8760 小时》能够再版。

过去的一年，过去的 8760 小时，我和你一样，经历了很多不曾设想的美好，也有无数难挨的时刻。

有了这本书，有了读者的支持，让我成为一个真正意义上的写作者。

前几天，《奇葩说》第三季的录制中，不少观众告诉我：原本看这本书是冲着我这个人去的，没想到书里的方法和观点真的改变了自己的生活。正因如此，他们有勇气前来一试，为了梦想努力。

过去半年的签售中，成都、广州、深圳、哈尔滨、天津……每个城市都有读者赶来告诉我，过去几年中，34 枚金币时间管理法、早起团、读书团以及我的英语课对于他们的影响。

这大概是一个写作者最幸福的时刻，知道自己从心底流淌到笔端的话被更多人了解，也给予他们正向的影响。

2015 年 8 月去深圳签售时，有位立志当记者的大学生读者问了一个很犀利的问题："现在很多人出点名就出书，你这个新晋的'网红'写这本书是不是也为了名和利啊？"

尽管有些许惊讶，我还是立即给出了答案："没错，就是名和利。这是很多人奋斗的动力，有什么不可以呢？"很多时候，我们会站在道德的制高点去批判对名利的追求，但其实只要一个人争取名利的方法是合理合法的，就应该支持。这样大家才会在公平的环境下去竞争、努力，成为最好的自己。

不只是他，很多人问过我写这本书的动力。

如果我很圣母地说和名利无关，那多少有些装。

我在书的前面写下了对父亲的敬意。我的名字是努尔艾力，按照我们民族的习俗，父亲的名字就是我的姓。我想让更多人知道父亲的名字和故事，如果因为这本书大家了解到这个世界上有这样一个好父亲，一个帮助他人的人，我就心满意足了。

再者，我希望自己在生活中的一些感悟能够带给大家更多的思考。作为一名演讲师，每次出去演讲，我总会遇到一些尴尬——当我想讲时间管理的时候，会有人问，艾力老师，能不能讲讲英语学习？当我想讲职场规划的时候，会有人问，艾力你是如何减肥的？当我想讲读书对于人生的帮助的时候，会有人问，怎么才能找到女（男）朋友？

不管如何规划，总有在讲座时无法全面涉及的内容，而我想对你们讲的话又是那么多。这一切，我通过文字与你们分享。

第三个目的是，我希望大家认识一个更多元化的新疆。很多人对新疆知之甚少，容易有标签化的行为。很荣幸这本书也入选了新疆维吾尔自治区的东风工程，能让各民族的朋友，甚至世界各国的朋友更加了解新疆，从而爱上新疆。

很多关注我的读者会觉得，艾力老师这个人一天到晚全部都是能量，天天跟打了鸡血一样，从来不犯困。

当然不是，任何血肉之躯，连续几年每天睡眠不足八小时的痛苦感是一样的，面对苦难的挫败感是一样的，只能靠自己奋斗的不安全感也是一样的。我也有犯懒、犯困的时候，只不过我几乎不在社交网络上分享这些，不会求安慰、求抱抱。

每个人都一样，谁也不是超人。在放弃的前一刻，咬牙坚持下去，你就已经超越了 90% 的人。而想要过上极致的生活，需要极致的自控力，这也是我对自己的要求——不要 OK 的生活，要过极致的生活。

每个人都需要感动的力量，需要所谓鸡汤。但如果一本书只是告诉你需要被感动，却不告诉你方法，这本书对你的意义可能也不是特别大。我在书里罗列了非常多的方法，很多的技巧，能够帮你去提升个人的生活。其中，有管理时间的方法，也讲了一些被证明有效的、能帮大家找到自己人生定位的工具。我把这本书比作心灵大盘鸡，好吃又管饱。

当我还是个月薪几千元，在北京租房几次被拒的新鲜北漂时，就给自己定下了一个小目标：走遍世界看最美的风景。我还在微博上开玩笑说，有一天去迈阿密海滩，我要悠闲地躺一天，喝橙汁。

梦想和现实的距离并不遥远。

2014 年我去了亚马孙雨林看最美星空；2015 年去了美国，深度游览了哈佛、哥伦比亚等名校，也去了帝国大厦、大都会博物馆。我真的在迈阿密海滩上喝起了橙汁，从早到晚，拍下了日出日落的云朵变化。

那种充满期待和喜悦的感觉像极了我第一次来到北京，凌晨四点醒来等日出的时候。整个城市还在沉睡，而你，独自醒来，面对你曾梦想过的未知。

感谢所有人对我写作的支持，尤其要感谢我的拍档张晓媛，她无条件的信任和无尽的付出，让我的文字以美好的面貌呈现。

希望明年的今天，也就是 8760 小时以后，读完这本书的你不会后悔今天做的决定。记录时间、培养习惯、塑造性格、改变一生。

你终将成为最好的自己。

## 34 枚金币时间管理法图示

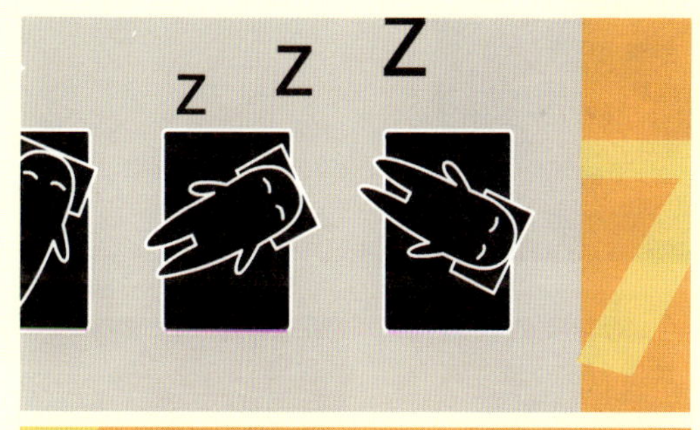


每天睡觉时间为 7 个小时

除睡觉外，可支配时间为 17 个小时

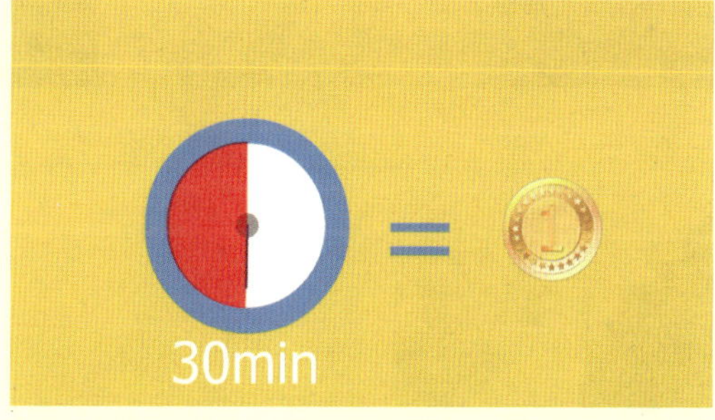


30 分钟 =1 枚金币

每天我们拥有 34 枚金币

# 艾力一日行程图

6:19
起床

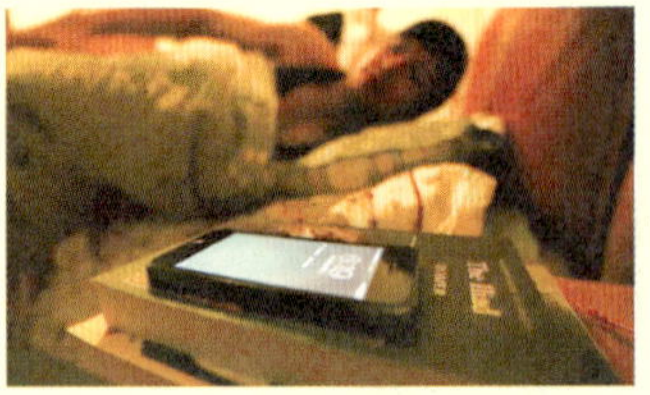

6:30
每日分享

7:00
上班路上

7:45
到达公司

11:00
写书中

12:00
午饭

14:00
开会

18:00
健身

21:20
西班牙语
学习

22:30
玩会儿游戏

23:30
睡前故事

## 艾力 2015 年第一周时间记录

| | 12.29 | 12.30 | 12.31 | 1.1 |
|---|---|---|---|---|
| 6:00—6:30 | 早起发微博 | 早起发微博 | 早起发微博 | 早起发微博 |
| 6:30—7:00 | 睡着了，累 | 洗漱 | 洗漱 | 洗漱 |
| 7:00—7:30 | 读书 | 读书 | 拖延，抽自己，浪费了 100 | 读书 |
| 7:30—8:00 | | 出门，上课，迟到了，抽自己 | 打车去校区 | |
| 8:00—8:30 | | 亚运村，精讲精练，最后一次总结 | | |
| 8:30—9:00 | 吃早饭 | | 发送工作邮件 | 拖延 |
| 9:00—9:30 | 压力太大，拖延 | | 上课，强化第二次 | |
| 9:30—10:00 | 去公司的路上 | | | 出门去公司 |
| 10:00—10:30 | 无聊了！压力！ | | | 安排工作 |
| 10:30—11:00 | | | | 整理讲义的 PPT，语的资源，发微 |
| 11:00—11:30 | 录制语音 | | | |
| 11:30—12:00 | | | 吃午饭 | 请新浪的范文艳和艳吃饭，重获推荐额，相关活动深 |
| 12:00—12:30 | 请老大吃饭，自己话多，要多让老大说话 | | 买水 | |
| 12:30—13:00 | | 中午和书合影拍照 | 休息 | 继续整理资料 |
| 13:00—13:30 | 去陪老大买电脑 | 做 PPT 准备水清的课 | | 上课的路上 |
| 13:30—14:00 | | 水清 401，第一次，相当刺激！ | 上课，强化第二次，拷了很多资料 | 水清第二次，资全，方法给全，成果 |
| 14:00—14:30 | 和陶淘兄聊关于进校讲座的事情，可以有很多所学校 | | | |
| 14:30—15:00 | 做 2014 年总结回顾的 PPT | | | |
| 15:00—15:30 | | | | |
| 15:30—16:00 | | | | |
| 16:00—16:30 | 录制节目 | | 回来的路上 | |
| 16:30—17:00 | | | | |
| 17:00—17:30 | 给 NORTON 发票，聊问吧的 PPT | | 去吃牛排 | |

| 1.2 | 1.3 | 1.4 |
|---|---|---|
| 早起发微博 | 早起发微博 | 早起发微博 |
| 洗漱 | 洗漱 | 洗漱 |
| 读书 | 准备出门 | 拖延，不能再对自己客气了！ |
| 散步 | 车上休息 | 准备出门 |
| 无聊了，拖延 | 休息 | 魏公村强化班结课 |
| 出门去公司 | 上课，第三次 | 中午请三位词汇教师吃饭 |
| 请郭鹏兄吃饭，了解了创业史，也是为了解决困难，好兄弟，需要帮助 | 中午看书 | 回总部的路上 |
| 去送耳机 | 休息 | 在总部，回复邮件 |
| 修改表格，安排日程 | 上课，第三次 | 安排工作 |
| 回到迅程拍照 | 回来的路上，休息 | 看书 |
| 商量关于电影课的事情 | 去银行 | 无聊了！心不静，各种手机！ |
| 商量助教事宜 | | |
| 词汇班宣传相关 | | |
| 给俞老师发送邮件 | | |

**本周看的 TED**

1. 我们能从机器身上学到的东西
2. 如何还原阿基米德的手抄本
3. 如何通过肢体语言塑造自己

**本周看的电影或剧**

《神探夏洛克》第三季第一集

**本周读的文章**

1.《论自恋》
2.《论读书》
3. 读荷马史诗评论

**本周的学习进度**

1. 搞定了《荷马史诗》
2. 看《查理·芒格传》
3. 西班牙语

**本周做的最有意义的 5 件工作**

1. 完成 2014 年打赌任务！
2. 紧接着开启 2015 年任务，搞定《荷马史诗》
3. 录制完毕 2 期视频（节目总结，2014 年总结）
4. 正式建立读书团
5. 水清第一次上课，更新 PPT，圆梦

**本周干的最傻的 3 件事儿**

1. 在晚上录课的时候把屏幕碰歪，从而录出的精彩课程没有能和大家见面
2. 读书心不静，效率低
3. 休息太久，不锻炼自己就难受了

（续表）

| | 12.29 | 12.30 | 12.31 | 1.1 |
|---|---|---|---|---|
| 17:30—18:00 | 去锻炼的路上 | 回答学生的问题 | 去吃牛排 | 水清第二次（同上 |
| 18:00—18:30 | 跑步，汗蒸，充血，拍照，水去得不够 | 发送微博，拿相机，去健身房的路上 | 回到公司，整理桌面 | 回来的路上 |
| 18:30—19:00 | | 准备健身 | 上网休息 | 锻炼，比较累，胸 |
| 19:00—19:30 | | 单车，汗蒸，充血，拍照，还可以，但是意识到摄影师的重要性 | 整理时间 | |
| 19:30—20:00 | | | 找伊利亚特的书 | |
| 20:00—20:30 | | | 发送读书团的微博 | |
| 20:30—21:00 | | | | 洗澡，汗蒸 |
| 21:00—21:30 | 准备节目总结的 PPT | | 给史禺老师发邮件 | 回来的路上 |
| 21:30—22:00 | | 回去的路上 | | 看《神探夏洛克》，各种视频，很爽 |
| 22:00—22:30 | | 整理照片，准备发布成果 | 回来的路上，买了烤串 | |
| 22:30—23:00 | | | 到屋子，舒服了一下 | |
| 23:00—23:30 | | | 看电视，工作发送邮件 | |
| 23:30—24:00 | 录制节目总结的视频（感动到自己） | 发送新一轮赌注的事宜 | 看视频，休息 | |
| 0:00—0:30 | | | 玩儿魔兽 | |
| 0:30—1:00 | | 整理心情，睡觉 | 休息 | 睡觉 |
| Guilt Free Play | 4 | 2.5 | 1.5 | 6.5 |
| Rest | 7 | 7.5 | 11.5 | 8 |
| Mandatory Work | 0 | 0 | 0 | 0 |
| Quality Work | 11.5 | 13.5 | 10 | 8.5 |
| Procrastination | 1.5 | 0.5 | 1 | 1 |

| 1.2 | 1.3 | 1.4 | 本周最牛 B 的 3 句话 |
| --- | --- | --- | --- |
| 安排下周工作<br>发送上海培训申请<br>去吃饭的路上<br>吃 饭，BJCC，child's play<br>回来的路上，和李军聊<br>发送关于书的微博<br>整理时间，打车回去<br>回去的路上<br>玩儿魔兽<br>看书,《查理·芒格传》 | 吃饭，麻辣烫，吃太多了<br>看书<br>无聊了！<br>回来的路上<br>到屋子，无聊了！ | 去锻炼<br>锻炼，胸部，还不错<br>洗澡，有灵感，买维语书，开启读书团<br>回来的路上<br>安排工作<br>无聊了，恐惧！<br>录制课程<br>录制语音<br>整理时间，发布微博 | 1. 识字不读书，等于白识字。<br>2.Live and let live!<br>3. 先做人，再做事。<br>**本周请吃饭的人（学习）**<br>1. 老大，还去买了电脑，学会 shut up,silence is the holy of the holiest of worldly wisdom<br>2. 张艳，范文燕，重新申请到推荐的位置，同时也需要帮助她们做好事情<br>3. 郭鹏兄，租房网，了解到创业者的艰辛<br>4. BJCC 众人，雕栏玉砌应犹在，只是朱颜改<br>5. 词汇新教师，邢之坤太可爱了<br>**赢得的玩游戏时间 Time**<br>10.25 |
| 休息 | 睡觉 | 休息 | Total |
| 4.5 | 1 | 4 | 24 |
| 8.5 | 10.5 | 8 | 61 |
| 0 | 0 | 0 | 0 |
| 9 | 8 | 8.5 | 69 |
| 2 | 4.5 | 3.5 | 14 |

色块示例：

| Guilt Free Play 尽兴娱乐 | Rest 休息放松 | Mandatory Work 强迫工作 | Quality Work 高效工作 | Procrastination 拖延 |
| --- | --- | --- | --- | --- |

**图书在版编目（CIP）数据**

你一年的 8760 小时 ：升级版 / 艾力著 . — 南京：江苏凤凰文艺出版社，2016（2016.4 重印）

ISBN 978-7-5399-8957-0

Ⅰ . ①你… Ⅱ . ①艾… Ⅲ . ①成功心理 - 通俗读物 Ⅳ . ① B848.4-49

中国版本图书馆 CIP 数据核字（2015）第 296026 号

| 书　　名 | 你一年的 8760 小时 ：升级版 |
| --- | --- |
| 著　　者 | 艾　力 |
| 责任编辑 | 孙金荣 |
| 特约编辑 | 李玉峰　张　慧 |
| 文字校对 | 郭慧红 |
| 封面设计 | 门乃婷工作室 |
| 插图摄影 | 小耳牛牛 |
| 出版发行 | 凤凰出版传媒股份有限公司<br>江苏凤凰文艺出版社 |
| 出版社地址 | 南京市中央路 165 号，邮编：210009 |
| 出版社网址 | http://www.jswenyi.com |
| 经　　销 | 凤凰出版传媒股份有限公司 |
| 印　　刷 | 河北鸿祥印刷有限公司 |
| 开　　本 | 890 毫米 ×1270 毫米 1/32 |
| 印　　张 | 9.75 |
| 字　　数 | 180 千字 |
| 版　　次 | 2016 年 1 月第 1 版　2016 年 4 月第 4 次印刷 |
| 标准书号 | ISBN 978-7-5399-8957-0 |
| 定　　价 | 39.80 元 |